施工工艺标准手册系列

隧道工程施工工艺标准

GY-1-3-2018

中建三局第一建设工程有限责任公司

中国建筑工业出版社

图书在版编目(CIP)数据

隧道工程施工工艺标准 GY-1-3-2018/中建三局第一建设工程有限责任公司. —北京：中国建筑工业出版社，2018.5
（施工工艺标准手册系列）
ISBN 978-7-112-22048-9

Ⅰ.①隧… Ⅱ.①中… Ⅲ.①隧道施工-标准-技术手册 Ⅳ.①U455-65

中国版本图书馆 CIP 数据核字(2018)第 063290 号

责任编辑：范业庶 张 磊
责任校对：李美娜

施工工艺标准手册系列
隧道工程施工工艺标准 GY-1-3-2018
中建三局第一建设工程有限责任公司
*
中国建筑工业出版社出版、发行（北京海淀三里河路 9 号）
各地新华书店、建筑书店经销
北京科地亚盟排版公司制版
北京市密东印刷有限公司印刷
*
开本：787×1092 毫米 1/16 印张：11¼ 字数：271 千字
2018 年 7 月第一版 2018 年 7 月第一次印刷
定价：**44.00** 元
ISBN 978-7-112-22048-9
（31941）

发 布 令

为规范中建三局第一建设工程有限责任公司承建的各类工程的施工工艺，提升公司技术水平，保证工程质量，公司根据国家有关法规、标准和规程，结合公司实际情况编制形成《中建三局第一建设工程有限责任公司施工工艺标准手册》（简称“施工工艺标准手册”）。

“施工工艺标准手册”总结提炼了公司的成熟经验成果，将公司的先进工艺标准化、规范化，将局部的经验积累上升为公司施工工艺管理的强制性规定，以提高生产率和专业管理人员的业务素质，是支撑公司实现“精益建造”、“均质化履约”战略的重要举措。

“施工工艺标准手册”经公司科技专家委专家审查通过，现予以发布，自2018年1月1日起执行。公司所有工程施工工艺均应严格执行本“施工工艺标准手册”。

中建三局第一建设工程有限责任公司

董 事 长：
党委书记：

2018年1月1日

《施工工艺标准手册系列》
编　委　会

序

我国自2002年3月1日起进行施工技术标准化改革，出台了《建筑工程质量验收统一标准》和13项分项工程质量验收规范，实行建筑法规与技术标准相结合的体制，我国标准化事业得到快速发展。随着社会主义市场经济不断发展，标准体系和标准化管理体制不能满足市场在资源配置中起决定性作用和更好发挥政府作用的要求。2015年，国务院印发《深化标准化工作改革方案》（国发〔2015〕13号），推进标准体系改革，明确提出要放开搞活企业标准，企业根据需要自主制定、实施企业标准。鼓励企业制定高于国家标准、行业标准、地方标准，具有竞争力的企业标准。建立企业产品和服务标准自我声明公开和监督制度，逐步取消政府对企业产品标准的备案管理，落实企业标准化主体责任。

习近平在致第39届国际标准化组织大会的贺信中指出，中国将积极实施标准化战略，以标准助力创新发展、协调发展、绿色发展、开放发展、共享发展。

管理水平和技术优势是关系一个企业发展的关键因素，而企业技术标准在提升管理水平和技术优势的过程中起着相当重要的作用，它是保证工程质量和安全的工具，实现科学管理的保证，促进技术进步的载体，提高企业经济效益和社会效益的手段。在发达国家，企业技术标准一直作为衡量企业技术水平和管理水平的重要指标。

中建三局第一建设工程有限责任公司（以下简称中建三局一公司）作为中建集团内首家拥有全行业覆盖的“三特三甲”资质的三级法人单位，长期以来一直非常重视企业技术标准的建设，将其作为企业生存和发展的重要基础工作和科技创新的重点之一。经过多年努力，取得了可喜的成绩，形成了一大批企业技术标准，促进了企业生产的科学化、标准化、规范化。企业技术标准已成为公司独特的核心竞争力。

随着我国市场经济体制的不断完善，企业技术标准体系在市场竞争中将会发挥越来越重要的作用。面对建筑业竞争日趋激烈的市场环境，我们顺应全球经济、技术一体化的发展趋势，响应国家标准化改革号召，建立了公司自己的技术标准体系，加速推进企业的技术标准建设。通过技术标准建设，使企业实现“精益建造”、“均质化履约”，提升公司管理水平，保障企业取得跨越式发展，为我们“全面争当中建集团三级单位优秀排头兵”的奋斗目标提供良好的技术支撑。

《施工工艺标准手册》是公司技术系统集合公司全体职工实践经验，本着对企业、对行业负责的态度，精心编制而成的。在此，我谨代表公司对这些执着奉献的科技工作者，致以诚挚的谢意。

该标准是中建三局一公司的一笔宝贵财富，希望通过该标准的出版，能促进我国建筑行业技术标准的建设和发展。

中建三局第一建设工程有限责任公司

执行总经理：

丛书前言

《施工工艺标准手册》是公司施工活动的重要依据和实施标准，施工工艺管理的强制性规定，保障产品质量、安全的重要依据，规范建造过程的有效手段，增强企业的市场竞争力的重要途径。公司历来十分注重企业技术标准的建设，将企业技术标准作为关系企业发展的重要基础工作来抓。为满足“精益建造”、“均质化履约”战略发展的需要，响应国家标准化改革导向，公司于2016年启动本《施工工艺标准手册》编制工作，以期提升公司履约水平与市场竞争力。

此次出版的系列《施工工艺标准手册》是我们所编制的众多企业技术标准中应用最为普遍的一类标准。由公司技术部、技术中心统一策划组织，各区域公司、专业公司多家单位参与了编制工作，是公司多年宝贵经验的整合、总结和升华，体现了公司特色和技术优势。在标准编制中，在结构上参考了中国建筑集团有限公司施工工艺标准，在内容上主要针对容易出现的质量通病环节，着重从施工工序、工艺、施工质量控制的角度，对施工过程中的控制要点采用规范化的图片结合文字进行阐述，旨在更有效地消除质量通病，提高施工管理水平，实现公司施工工艺标准化，确保工程施工质量。另外，考虑到企业技术标准的相对先进性，我们将公司最新的专利、工法等自主知识产权成果等融入其中，以体现公司特色施工技术。

本系列标准包括道路工程、桥梁工程、隧道工程、地铁工程、土建工程、钢结构工程6项分册。可以作为企业生产操作的技术依据和内部验收标准，工程项目施工方案、技术交底的蓝本，编制投标方案和签订合同的技术依据，技术进步、技术积累的载体。

在本标准编制的过程中，得到了公司有关领导的大力支持，为我们提出了很多宝贵意见。众多专家也对该标准进行了精心的审查。在此，对以上领导、专家以及编辑、出版人员所付出的辛勤劳动，表示衷心的感谢。

由于时间紧迫，工作量大，加之水平有限，错误及不足之处在所难免，欢迎同行及业内专家学者提出批评意见。

本系列标准主要编写及审核人员：

主　　编： 楼跃清

副 主 编： 张　欣　汪小东

主要起草人： 庞海峰　陈　骏　尤伟军　叶巡安　苏　浩　曹　洲　樊冬冬　何凌波　钱叶存　彭　慧　于　磊　王远航　张　弓　张江雄　方　圆　刘永波　曾庆田　舒翰章　王　泉　廖　峰　王续胜　苏　章　袁东辉　龙昌林

审核专家： 夏　强　何景洪　王玉海　刘洪海　王　亮　王小虎　寇广辉　程　剑　颜　斌　高　波　张　义　姜龙华　尤伟军

前　言

本书是《施工工艺标准手册系列》丛书之一，依据最新的公路隧道施工技术细则，结合行业成熟的施工工艺编写。全书包括 1 项工程概述与 11 项施工工艺标准：隧道工程总体工艺概述、洞口工程施工工艺标准、明洞及洞门施工工艺标准、超前支护施工工艺标准、洞身开挖施工工艺标准、初期支护施工工艺标准、防排水施工工艺标准、二次衬砌施工工艺标准、超前地质预报施工工艺标准、监控量测施工工艺标准、水沟等附属结构施工工艺标准、路面工程施工工艺标准。

本书可作为隧道工程施工生产操作的技术依据、项目工程施工方案和技术交底的蓝本，是工程技术人员和管理人员必备的参考工具书。

为了持续提高本标准的水平，请各单位在执行本标准的过程中，注意总结经验，积累资料，随时将有关意见和建议反馈给中建三局第一建设工程有限责任公司技术部（地址：武汉市东西湖区东吴大道特一号，邮政编码 430040），以供修订时参考。

本标准主要编写人员：

主　　编： 楼跃清

副 主 编： 高　波　尤伟军

主要起草人： 张江雄　王吉平　徐　磊

目　录

第一章　隧道工程总体工艺概述

1　隧道总体概述

1.1　隧道定义

隧道是修筑在岩体、土体或水底，两端有出入口的通道。供交通立体化、穿山越岭、地下通行、越江、过海、管道运输、电缆地下化、水利工程等使用。

1.2　矿山法的定义

矿山法是一种传统的施工工法，是在长期的施工实践中发展起来的。它是以木或钢构件作为临时支撑，待隧道开挖成型后，逐步将临时支撑撤换下来，而代之以整体式厚衬砌作为永久性支护的施工方法。因借鉴矿山开拓巷道的方法，故名。矿山法通常是与钻眼，爆破技术联系在一起，所以也称为钻爆法。是山岭隧道最常用的施工方法，我国的铁路、水路、公路等地下通道也绝大多数采用此种方法修筑。

1.3　矿山法的原理

现代矿山法的基本原理是，隧道开挖后受爆破影响，造成岩体破裂形成松弛状态，随时都有可能坍落。基于这种松弛荷载理论依据，其施工方法是按分部顺序采取分割式分块开挖，并要求边挖边撑以求安全，所以支撑复杂，木料耗用多。随着喷锚支护的出现，使分块数目得以减少，并进而发展成新奥法。

1.4　新奥法施工原理

新奥法是应用岩体力学理论，以利用围岩的自承能力为核心，以锚杆和喷射混凝土为主要支护手段，及时进行支护，控制围岩的变形和松弛，使围岩成为支护体系的组成部分，并通过对围岩和支护的量测、监控来指导隧道施工和地下工程设计施工。新奥法施工方法包括全断面法、台阶法、环形开挖预留核心土法、中隔墙法、交叉中隔墙法和双侧壁导坑法等。

2　隧道总体工序流程

洞口地质情况相对较好的隧道，按先进暗洞，由内向外施做洞口明洞模筑衬砌，再进行洞身段开挖、初支、二衬的顺序施工。当洞口围岩条件很差时，要求先施做洞口明洞，再进暗洞，即洞口土石方开挖完成，并处理好明、暗洞交界面后，进行明洞主体模筑衬砌，并及时施做洞门，然后再进行暗洞浅埋段施工，洞身段开挖、初支及二衬施工。

洞口段施工应将洞顶截水沟及洞口排水；洞口土石方的开挖及开挖面的临时防护；进洞辅助措施施工；暗洞浅埋段开挖、初支、二衬；明洞主体模筑衬砌、外防水、土石方回填；洞门圬工等诸多环节统筹考虑，以“减免干扰、利于保证洞口施工安全”为原则合理安排其施工先后顺序，见图 1-1。

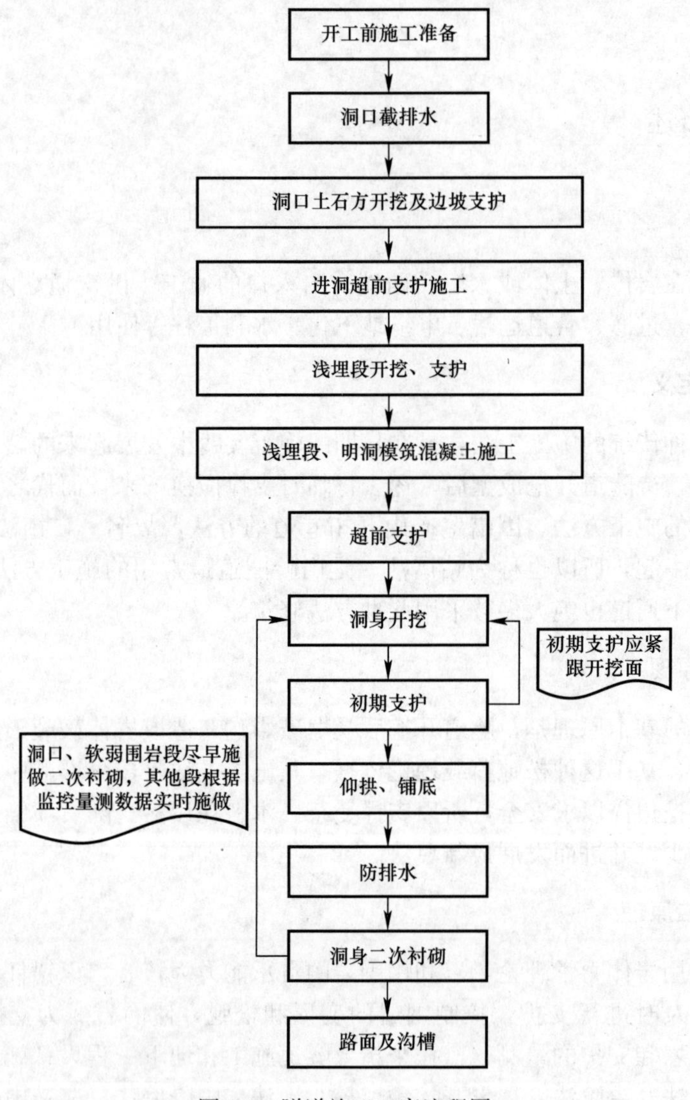

图 1-1　隧道施工工序流程图

3　施工准备

3.1　技术准备

3.1.1　测量准备

（1）交接桩

施工单位收到设计文件后，在监理单位的组织下会同设计单位进行交接桩工作。

（2）交接桩范围

1）控制桩：包括直线转点桩、交点桩、缓和曲线和圆曲线的起讫点桩、导线点桩及与线路有联系的“国家三角点”（等级、编号、坐标和地点）；以及本隧道工程进出口的控制桩、导线网等。

2）水准基点：水准基点以及与其有联系的“国家水准基点”（等级、编号、坐标和地点）。

（3）交接桩程序

1）会同设计单位现场交接设计单位提供的必要桩点，并根据桩点的有关资料，进行室内审核；

2）用测量仪器对重要桩、点进行施测交接，做出详细记录；对发现的问题应明确处理办法及负责复测单位；

3）写出交接桩纪要。

（4）控制测量

根据设计所提供的桩橛进行隧道控制测量，复核控制桩及水准基点，布设隧道测量控制网，并补充已经丢失和施工需要的桩橛；隧道分两个标段进行施工时，应和相邻标段进行贯通测量。

（5）施工放线

1）根据隧道洞口控制桩、水准基点放出洞口中线，定出洞口位置。

2）对隧道洞口的断面进行测量复核。

3.1.2 试验准备

（1）试验室建设与认证；

（2）混凝土配合比设计；

（3）原材料进场检验；

（4）制定试验、检测计划。

3.1.3 方案准备

（1）实施性施工组织设计编制、报批手续完善；

（2）单位、分部、分项工程的划分报批；

（3）洞口工程、场地布置、进洞方案等专项方案编制、报批手续完善。

3.2 资源准备

3.2.1 劳动力准备（表1-1）

劳动力配备计划表（每个作业面） **表1-1**

分类	开挖班	初支班	出渣班	钢筋班	模板班	混凝土班	防水板工班
人数	12～30	6～12	6～12	6～12	6～10	6～10	4

3.2.2 材料准备

（1）隧道施工前应做好水泥、砂石料、钢筋（材）、外加剂、防水板、透水管等各项材料的招标定购工作，并根据施工进度计划，制定材料供应计划；特别是做好隧道前期施工支护所需材料的采备工作，如：水泥、中（粗）砂、小碎石、速凝剂、钢纤维、钢筋等材料以及早强锚固药卷、钢拱架等成品、半成品等。

(2) 材料进场前严格进行检查验收和取样送检，试验合格经监理工程师认可后方可进料；杜绝不合格材料进入现场。

(3) 材料进场后设专职仓储保管员加强管理，严格仓库管理制度，做好材料进出库记录。砂石料按规格分开堆放，设置隔墙；钢材、水泥、防水板等主材，特种材料分类库存；所有材料必须挂牌标识，防止物资混杂和有害物质污染。

3.2.3 机械准备（表 1-2）

设备配备计划表（每个作业面） **表 1-2**

序号	设备名称	功率	数量	备注
一	开挖设备			
1	多功能作业台架	6m	1台	自制
2	装载机	≥2.0m³	1台	
3	挖掘机	≥1m³	1台	
4	自卸车	≥15t	4～8台	
5	空压机	≥20m³/min	4～5台	
6	风动凿岩机	YT28	≥16台	
二	支护设备			
1	管棚钻机		1台	
2	湿喷机	≥7m³/h	2～3台	
3	注浆泵	单、双液	1台	
4	锚孔注浆泵	砂浆泵	1台	
5	锚杆钻机		1台	
三	二衬设备			
1	拌合站	≥JS1000	1台	
2	衬砌台车	9～12m	1台	自制
3	防水板作业台架	4～6m	1台	自制
4	混凝土输送泵	≥60m³/h	1台	
5	混凝土运输车	≥7m³	2～4台	
6	钢筋调直机		1台	
7	切割机		1台	
8	冷弯机		1台	
9	钢筋弯曲机		1台	
10	电焊机		4～6台	
四	辅助设备			
1	轴流通风机	≥2×110kW	1台	
2	射流风机	≥37kW	1～4台	巷道通风
3	发电机组	≥200kW	1套	

3.3 现场准备

3.3.1 施工现场布置总体要求

(1) 隧道开工前应结合工程规模、工期要求、地形特点、弃渣场和水源等情况，本着

"因地制宜、合理布局、方便施工、统筹安排、节约用地、利于安全度汛和环保"的原则制定施工现场总平面布置方案，并绘制施工场地总平面布置图，确定临时占地计划。

（2）施工场地及工地临时生产生活设施布置应以洞口为中心，按照计划分期安排建设，有效缩短施工准备时间。

3.3.2　施工便道

（1）施工运输便道需引至洞口，应结合现场地形情况，在尽量利用既有路和永久用地的基础上改造或修建；

（2）应尽量避免纵坡大、平面半径小和回头曲线多的状况，纵坡宜不大于12%，主便道可参照四级公路标准修建；

（3）根据技术经济比较，必要时设便涵或便桥跨越沟谷，保证原有水系畅通；

（4）便道路面宽度、标准及线形应满足使用期限运量和行车安全的要求，并经常养护，保证畅通，见图1-2。

3.3.3　临时用电

（1）对于短隧道应采用高压至洞口，再低压进洞；长隧道及特长隧道应考虑高压进洞，以满足施工需要。

图1-2　施工便道

（2）隧道施工供电应采用三相五线供电系统；动力设备应采用三相380V；照明电压一般作业地段不宜大于36V，成洞段和不作业地段可采用220V，瓦斯地段不得超过110V，手提作业灯为12～24V；高压分线部位应设明显危险警告标志；所有配电箱和开关应全部进行责任人和用途标识。

（3）洞外变电站应设置防雷击和防风装置，且宜设在靠近负荷集中地点和设在电源来线一侧。当变电站电源线需跨越施工地区时，其最低点距人行道和运输线路的最小高度应满足：电压35kV时7.5m，电压6～10kV时6.5m，电压400V时6m，见图1-3。

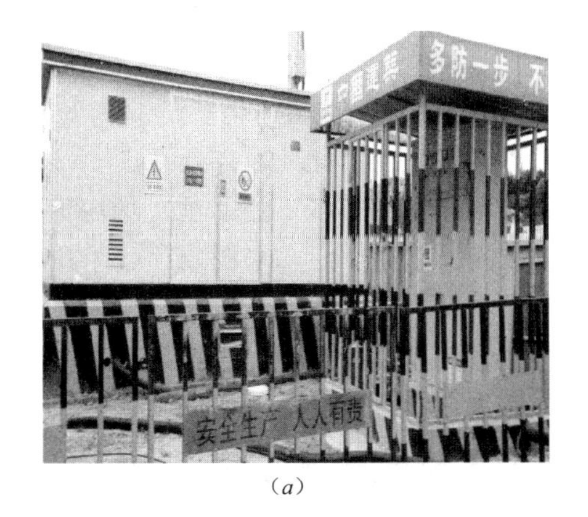

（a）

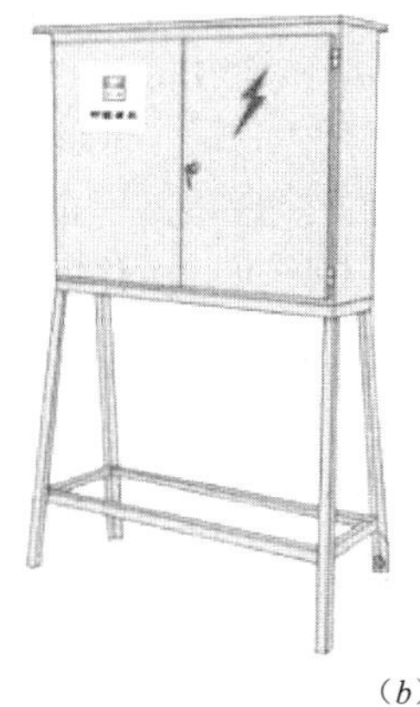

（b）

图1-3　变压器、配电箱防护（一）

（a）变压器防护；（b）二级配电箱

(*c*)

(*d*)

图 1-3　变压器、配电箱防护（二）

（*c*）进洞电线布置；（*d*）洞内三级配电箱

3.3.4　临时用水

（1）按施工需要的供水压力（水压不小于 0.3MPa），合理选址修建高位水池，安装上、下水管路，见图 1-4。

（2）对于修建高位水池困难的隧道，宜采用变频高压供水装置满足施工需要。

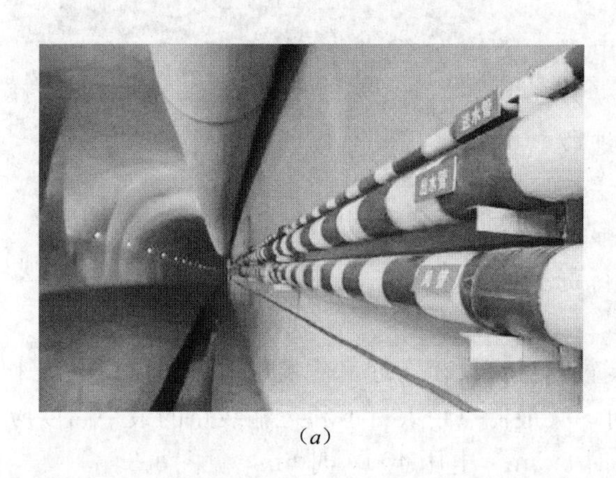

(*a*)

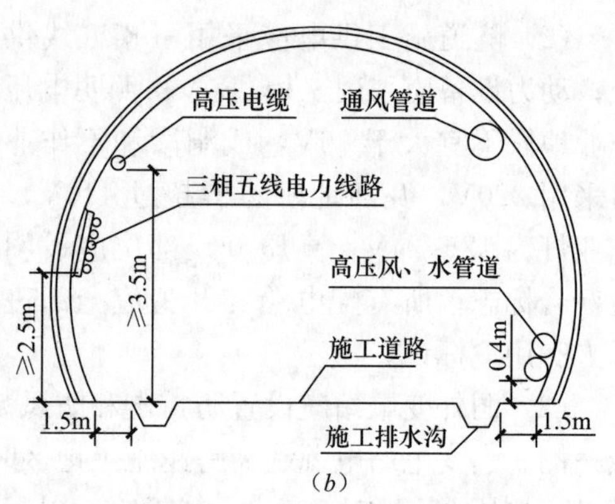

(*b*)

图 1-4　洞内管线布置

（*a*）洞内管线；（*b*）洞内管线布置

3.3.5　混凝土拌合站

（1）隧道施工应设集中拌合站供应混凝土，有条件者宜工厂化建设拌合站；

（2）集中拌合站应由搅拌机、操作间、水泥库、砂石料存放场、蓄水池、场内道路以及值班室等构成；配备设备宜采用自动计量拌合站（最少三料仓），水泥贮存宜采用散装水泥罐；

（3）拌合站建设可根据现场地形环境条件，采用立体布置或平面布置形式；其位置应优先考虑水、电、运输及场地条件好，对生活区及当地居民影响小，临时用地面积小的地点；拌和站面积应满足足量砂石料、水泥等材料存贮的需要；拌和站场区应硬化处理，砂石料应根据规格的不同，分仓堆存，见图 1-5。

3.3.6　钢筋加工厂

合理布置钢筋厂，与工程量相匹配原则，见图 1-6。

(a)

(b)

图 1-5　混凝土拌合站
(a) 搅拌站；(b) 料仓

3.3.7　空压机站

(1) 应靠近洞口旁边选址修建，并宜靠近变电站，应有防水、降温、保温和防雷击设施；

(2) 供风能力须满足隧道正常施工需要，供风管路布置应尽量避免压力损失；应配备一定数量的内燃压风机满足隧道前期施工需要，见图 1-7。

图 1-6　钢筋加工厂

图 1-7　洞口空压机

3.3.8　弃渣场

(1) 隧道弃渣必须运至确定的弃渣场弃置，不得随意乱弃。

(2) 隧道施工前应详细调查，和业主及当地政府配合，选择出渣运输方便、距离短的场所作为弃渣场，场地容量应可容纳隧道弃渣量。

(3) 弃渣场选址应不得占用其他工程场地和影响附近各种设施的安全；不得影响附近的农田水利设施，不占或少占农田；不得堵塞河道、河谷，防止抬高水位和恶化水流条件；不得挤压桥梁墩台及其他建筑物。

(4) 弃渣场应按设计要求进行防护，当设计要求不能满足实际需要或设计无具体要求时，应对弃渣场的防护进行设计并报监理工程师批复，以确保边坡的稳定，防止水土流失、泥石流、滑坡等危害。

4　质量检验标准

4.1　基本要求

(1) 洞口设置应符合设计要求。

（2）必须按设计设置洞内外的排水系统，不淤泥、不堵塞。

（3）隧道防排水施工质量须符合质量验收规定。

4.2 实测项目

隧道总体实测项目　　表 1-3

项次	检查项目	规定值或允许偏差	检查方法和频率	权值
1	车行道宽度（mm）	±10	尺量：每 20m（曲线）50m（直线）检查一次	2
2	净宽度（mm）	不小于设计	尺量：每 20m（曲线）50m（直线）检查一次	2
3△	隧道净高（mm）	不小于设计	水准仪：每 20m（曲线）50m（直线）测一个断面，每断面测拱顶或两拱腰 3 点	3
4	隧道偏位（mm）	20	全站仪或其他测量仪器：每 20m（曲线）50m（直线）检查 1 处	2
5	路线中心与隧道中心线的衔接（mm）	20	分别将引道中心线和隧道中心线延长至两侧洞口，比较其平面位置	2
6	边坡、仰坡	不大于设计	坡度板：检查 10 处	1

注：1. 净高有一点不合格时，该分项工程为不合格。
　　2. 带△标记的为主控项目。

4.3 外观鉴定

洞内没有渗漏水现象。不符合要求时，视其严重程度，高速公路、一级公路隧道减 5～10 分，其他公路隧道减 1～5 分。冻融区存在渗漏水现象时扣分取高限。

5 安全、文明施工

5.1 安全施工

5.1.1 安全信息化管理系统

隧道施工安全管理系统的建立，有效提高了现场管控能力。该系统的建立使管理人员在足不出户的情况下随时掌握施工现场人员、设备的分布状况及每个人员和设备的运动轨迹，便于合理的调度管理。当事故发生时，救援人员也可根据隧道施工人员及设备安全监测管理系统所提供的数据、图形，迅速了解有关人员的位置情况，及时采取相应的救援措施，提高应急救援工作的效率。

（1）洞内外作业面视频监控

见图 1-8。

（2）车辆、人员进出洞监控系统

见图 1-9。

（3）应急逃生引导系统

见图 1-10。

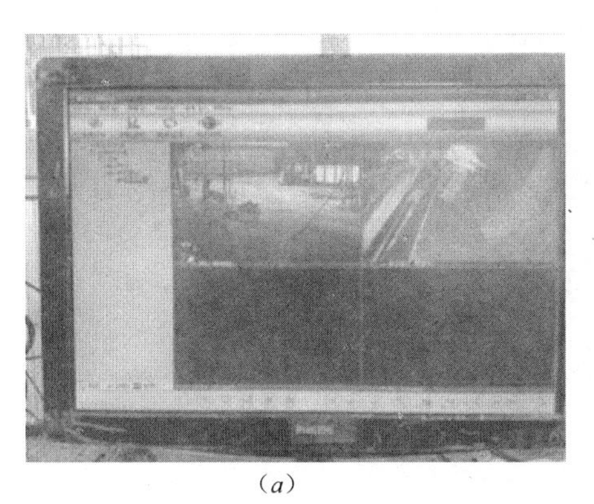

（a）

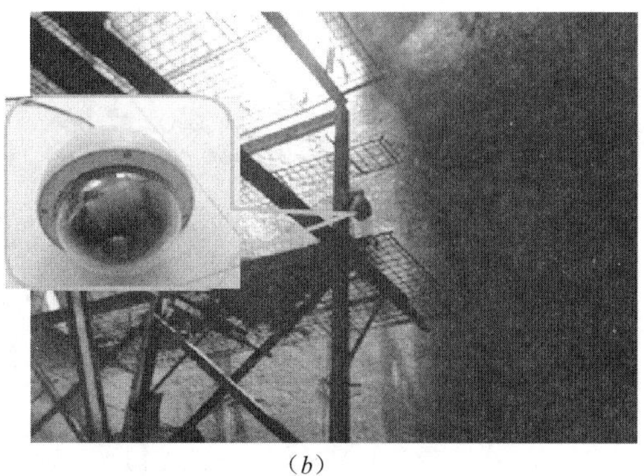

（b）

图 1-8　视频监控系统

（a）视频监控；（b）洞内摄像头

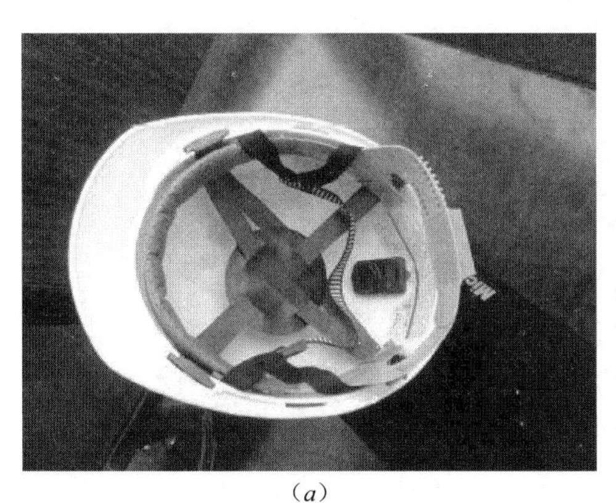

（a）

（b）

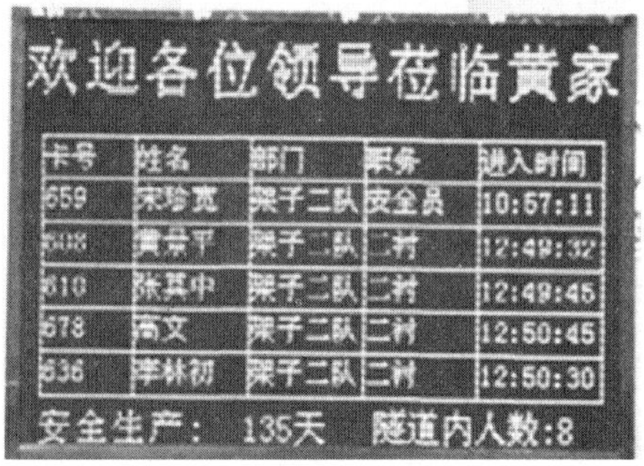

（c）

（d）

图 1-9　洞口门禁管理系统

（a）安全帽内置芯片；（b）洞口发射器；（c）洞口显示屏；（d）洞口门禁

（4）移动信号延伸系统

在洞外安装信号连接器，确保洞内通信正常，见图 1-11。

5.1.2　施工安全防护

（1）洞内作业人员必须佩戴安全防护用具（如安全帽、安全带、口罩、耳塞等）和安全防护服装，见图 1-12。

（2）洞内作业台架都应设置防护栏杆、上下爬梯以及醒目的反光标志，见图 1-13～图 1-15。

图 1-10　应急逃生引导系统

（*a*）　　　　　　　　　　　　（*b*）

图 1-11　洞内移动通信系统

（*a*）洞口信号发射器；（*b*）洞内通信

图 1-12　洞内作业人员防护

图 1-13　开挖作业台架

（3）预留洞口设置防护栏杆及警示标志，见图 1-16。

（4）仰拱施工栈桥应设防护栏杆、反光标志，见图 1-17、图 1-18。

5.1.3　施工用电安全

（1）洞口用电设备应进行安全防护，见图 1-19。

图 1-14　防水板作业台架

图 1-15　二衬台车

图 1-16　检查井防护

图 1-17　自行式仰拱模架

图 1-18　仰拱栈桥

图 1-19　变压器及配电箱防护

（2）作业区照明应有足够的亮度，灯具应有防护罩，严禁采用碘钨灯等照明设施，见图 1-20。

(*a*)　(*b*)

图 1-20　作业面照明

(*a*) 开挖面照明；(*b*) 衬砌作业面照明

图 1-21　用电线路布置

（3）洞内用电线路按照三相五线制规范布置，见图 1-21。

（4）洞内配电箱按照“一机、一闸、一漏”原则设置，并应有醒目的警示标志，见图 1-22。

5.1.4　开挖爆破作业安全

（1）钻孔：钻眼前，应检查工作环境的安全状态，应待开挖面清除浮石以及瞎炮处理完毕后方可进行钻眼作业。相向贯通开挖的开挖面之间的距离只剩下 15m 时，只允许从一个开挖面掘进贯通，另一端应停止工作并撤走人员和机具设备，在安全距离处设置警告标志，见图 1-23。

(*a*)

(*b*)

图 1-22　洞内配电箱

(*a*) 洞内配电箱防护；(*b*) 配电箱内部安装

(*a*)

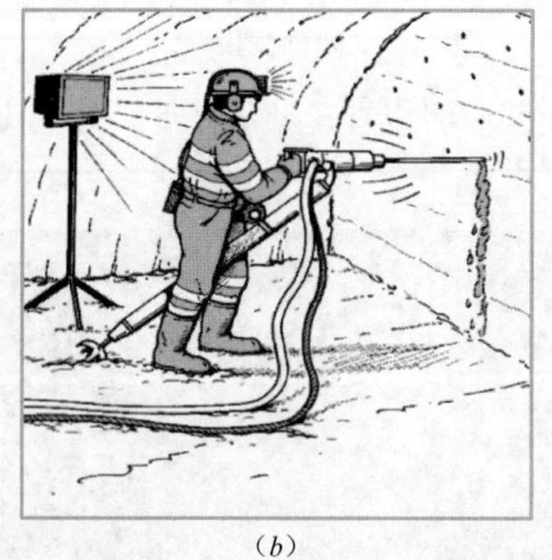

(*b*)

图 1-23　钻孔安全操作

(*a*) 危险；(*b*) 正确

（2）装药：只有经当地公安部门培训合格，持证的人员方可装药。装药与钻眼不得平行作业，防止炸药意外引爆。开始装药，其他无关人员必须撤出开挖作业面，高处装药须使用牢固、稳定的工作平台，防止跌落，见图 1-24。

(*a*)

(*b*)

图 1-24　装药安全操作

(*a*) 危险；(*b*) 正确

(3) 爆破：洞内爆破作业必须统一指挥，由爆破员进行爆破作业，洞内爆破时，所有人员必须撤离，撤离的安全距离应为：①独头巷道内不小于 200m。②相邻上下坑道内不小于 100m。③相邻坑道、横通道及横洞间不小于 50m。④双线上半断面开挖时不小于 400m。⑤双线全断面开挖时不小于 500m。爆破后必须通风排烟 15min 后检查人员方可进入开挖面检查，见图 1-25。

(*a*)

(*b*)

图 1-25　爆破安全操作

(*a*) 危险；(*b*) 正确

5.1.5　装渣与运输作业安全

(1) 装渣：装渣前及装渣过程中，应检查开挖面围岩的稳定情况。发现松动岩石或有塌方征兆时，必须先处理后装渣。开挖断面净空应能满足装碴机械安全运转，并提供足够的照明。装碴机械在操作中，其回转范围内不得有人通过，见图 1-26。

(2) 运输：自卸汽车不得超载，保证行车路面良好。车辆行驶时须距工作面一定距离，斜坡道的边缘放置防护墩。自卸汽车在斜坡道上应慢速行驶，不得超载，防止机械倾覆或碴块坠落，见图 1-27。

图 1-26　装渣安全操作

（*a*）危险；（*b*）正确

图 1-27　运输安全操作

（*a*）危险；（*b*）正确

5.1.6　初期支护作业安全

（1）排危：量采用机械清除开挖面上的松动岩体、开裂的喷混凝土等。顶未完成前人员不得处于被清除物的正下方。设置足够的照明和良好的通风，保证能见度，见图 1-28。

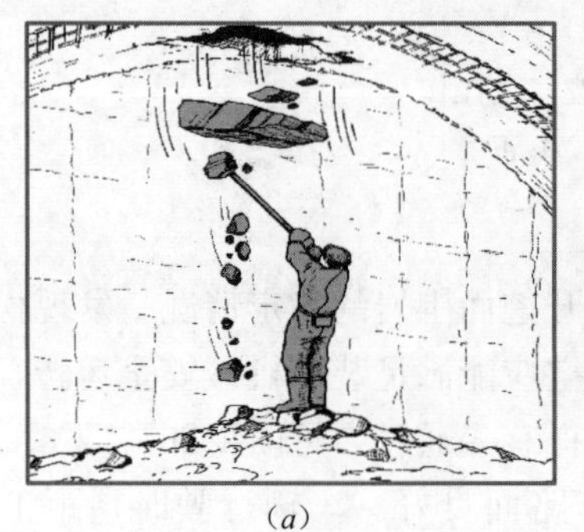

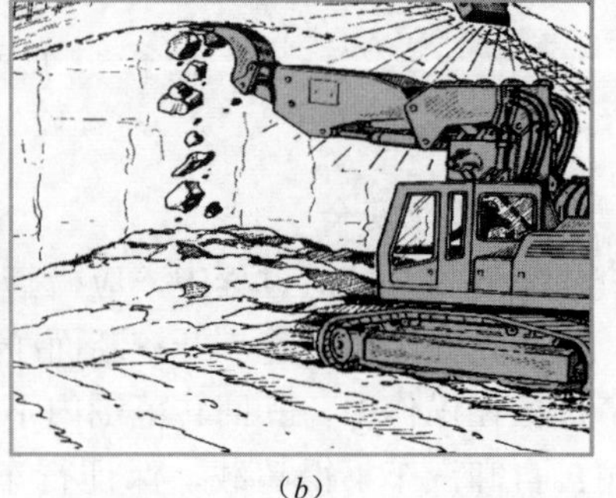

图 1-28　排危安全操作

（*a*）危险；（*b*）正确

(2) 锚杆、钢筋网、钢架安装：安装前检查工作面的安全情况，发现支护变形或损坏时立即加固，安装时使用工作篮或工作平台安装时使用工作篮或工作平台、掘进台车，见图 1-29。

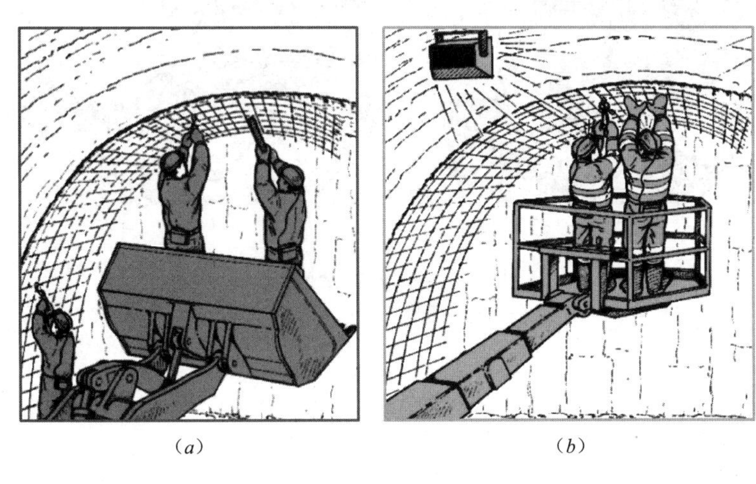

(a)　　(b)

图 1-29　锚杆、钢筋网、钢架安装安全操作

(a) 危险；(b) 正确

(3) 喷射混凝土作业：喷锚人员佩带硬质安全帽，穿防护衣，佩戴呼吸器。采用机械手喷锚时，喷嘴距受喷面的距离不得大于 1.5m，避免喷料回弹伤人。作业中如发生风、水、输料管路堵塞或爆裂时，必须依次停止风、水、料的输送。清理管道时控制好管道端部，喷出物不进入危险区，见图 1-30。

(a)　　(b)

图 1-30　喷锚安全操作

(a) 危险；(b) 正确

5.1.7　二衬混凝土作业安全

台车工作台上应满铺底板，任何部位不得有钉子露头或突出的尖角。工作台和通道无杂物，无松动材料。检查、维修混凝土机械、压浆机械及管路时，应停机并切断风源、电源，见图 1-31。

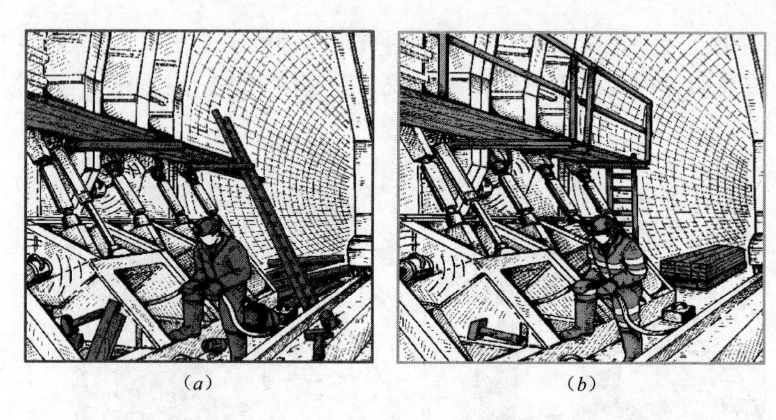

（a）　　　　　　　　　　（b）

图 1-31　二衬安全操作

（a）危险；（b）正确

5.2　文明施工

5.2.1　洞口文明施工

（1）洞口场地硬化、临时设施布置合理、彩门按照公司统一要求布设，见图 1-32。

（a）　　　　　　　　　　（b）

图 1-32　洞口场地布置

（a）洞口场地布置；（b）洞口彩门

（2）尽早完成洞门施做及绿化、美化工作，见图 1-33。

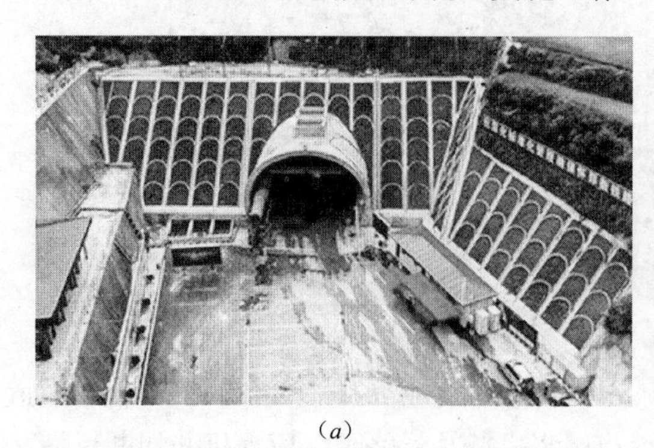

（a）　　　　　　　　　　（b）

图 1-33　洞门及绿化

（a）洞口绿化；（b）洞门及标牌

(3) 洞口安装“六牌一图”等标牌，见图 1-34。

(*a*)

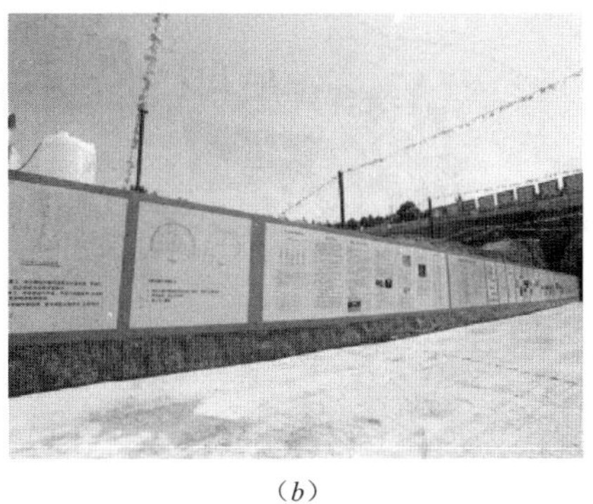

(*b*)

图 1-34　洞口安全、文明标牌

(*a*) 洞口六牌一图；(*b*) 操作要点标牌

(4) 洞口排水系统通畅，并设置三级沉淀池，见图 1-35。

(*a*)

(*b*)

图 1-35　洞口排水系统

(*a*) 三级沉淀池；(*b*) 洞口排水系统

(5) 洞口临时设施布置标准化，拌合站、钢筋加工厂应采取集中管理，空压机、通风机等大功率用电设备应与变配电设施靠近，见图 1-36～图 1-39。

(*a*)

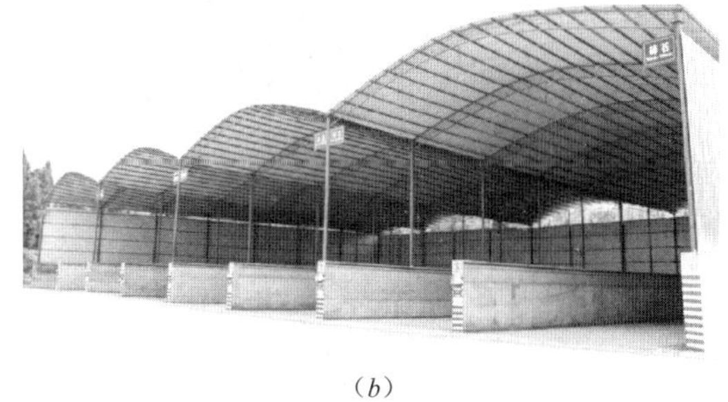

(*b*)

图 1-36　拌合站

(*a*) 拌合站；(*b*) 料仓

（*a*）

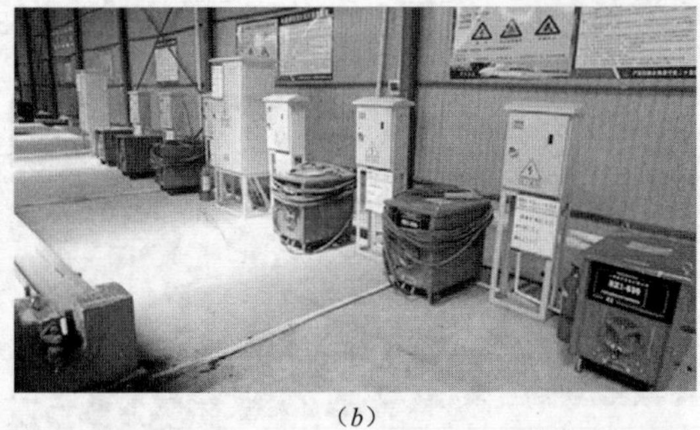

（*b*）

图 1-37　钢结构加工厂

（*a*）钢筋加工厂；（*b*）钢筋加工厂布置

（*a*）

（*b*）

图 1-38　洞口通风机

（*a*）双风机布置；（*b*）单侧风机布置

图 1-39　洞口空压机

（6）洞口材料应入库存放，并堆放整齐，见图 1-40。

（7）洞口应设洒水降尘设备和车辆冲洗设施，见图 1-41。

5.2.2　洞内文明施工

（1）洞内路面应有专人负责清扫和洒水，保持洞内空气清新，见图 1-42。

（a）

（b）

图 1-40　洞口材料存放

（a）仓库材料存放；（b）防水材料堆码

（a）　（b）　（c）　（d）

图 1-41　洞口洒水、降尘

（a）空中喷雾降尘；（b）出渣车冲洗车轮；（c）施工场地冲洗降尘；（d）施工场地冲洗降尘

（2）开挖作业面附近应有抽排水设施，保持作业地段路面干燥，见图 1-43。

（3）洞内材料、机具整齐摆放，见图 1-44。

（4）洞内管线应全部上墙，并保持平直，见图 1-45。

（5）洞内消防、应急物资摆放至易取得地方，并有醒目标志，见图 1-46。

(*a*)

(*b*)

图 1-42　洞内清扫、洒水

(*a*) 洞内清扫；(*b*) 自动喷淋、养护台架

(*a*)

(*b*)

图 1-43　开挖面排水及路面

(*a*) 开挖面道路；(*b*) 开挖面排水

(*a*)

(*b*)

图 1-44　洞内材料、机具摆放

(*a*) 洞内材料堆放；(*b*) 洞内工具存放

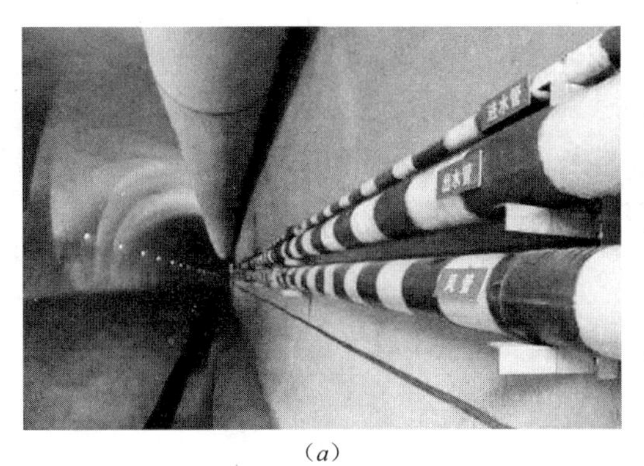

(a)

(b)

图 1-45　洞内管线

(a) 衬砌段管线；(b) 开挖段管线

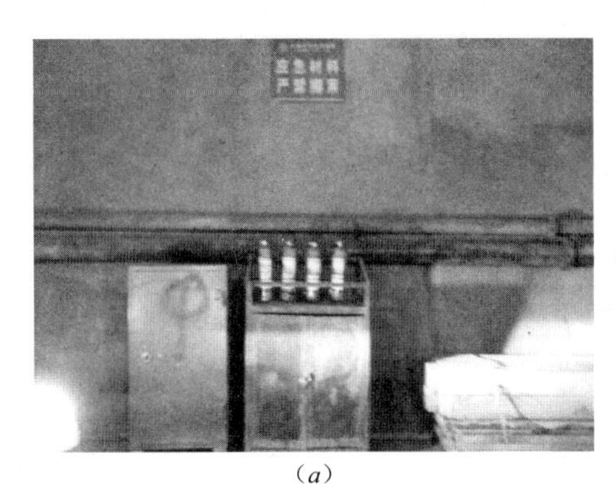

(a)

(b)

图 1-46　洞内消防、应急物资

(a) 洞内应急物资；(b) 洞内消防物资

第二章　洞口工程施工工艺标准

1　工艺概述

洞口工程施工应遵循“早进洞晚出洞”原则，主要作业内容包含：洞顶截水沟开挖、砌筑；洞口其他排水工程；洞口土石方开挖；边仰坡及成洞面临时防护；洞口套拱、超前支护等。洞口工程是钻爆法施工中的重要环节，对隧道施工安全有着至关重要的影响。

2　工序流程

洞口工程施工工序流程见图 2-1。

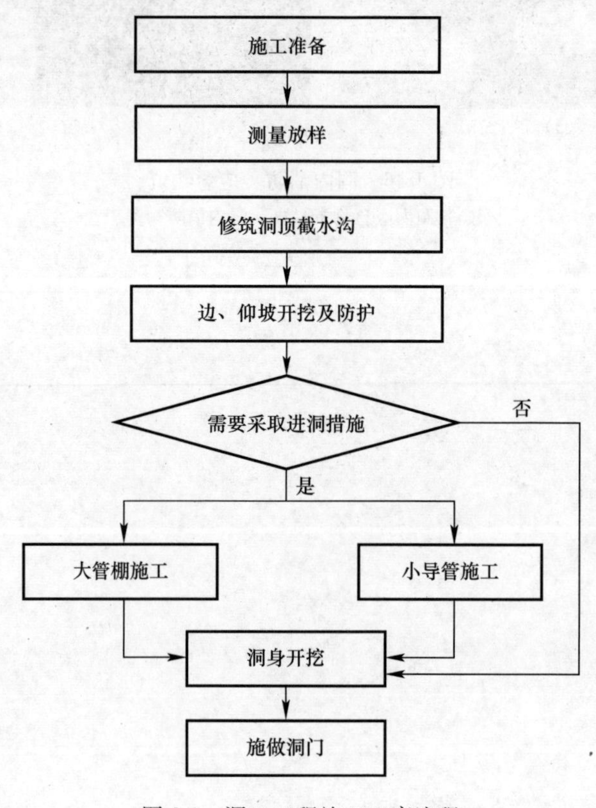

图 2-1　洞口工程施工工序流程

3　施工工艺及控制要点

3.1　施工准备

3.1.1　技术准备

（1）测量准备

1）对隧道进出口进行联测，加密控制网，保证洞口处控制点不少于 3 个、水准点不少于 2 个。

2）对洞口段地形地貌进行复测，核对图纸中的曲线要素及逐桩坐标，测放出进洞控制桩，并保护良好；对边、仰坡开挖边线、明暗洞交界里程等进行测量放样。图 2-2 为施工准备阶段进行的洞口地形地貌复测及撒灰放样。

（*a*）

（*b*）

图 2-2　洞口测量放样

（*a*）隧道洞口地形地貌复测；（*b*）洞口、边坡测量放样

（2）试验准备

1）确定砂浆配合比、混凝土配合比、注浆浆液配合比。

2）进场原材料检验。

（3）方案及图纸准备

1）图纸审核与现场核对

组织技术、测量、商务人员对设计图纸进行审核，查看图纸与现场实际是否相符；工程量是否准确；图纸标注尺寸是否清楚；前后是否相符以及有无缺漏等。

2）施工方案

① 编制隧道洞口专项施工方案，并完善报批手续。

② 编制隧道安全专项施工方案并经审批后方可施工。

③ 洞口需要爆破开挖的需要编制爆破方案，按程序组织专家论证及报批手续。

④ 洞口场地布置方案（包含临水、临电）。

⑤ 进行安全技术交底。

3.1.2　现场准备

（1）隧道洞口开挖前，应先检查边、仰坡以上的山坡稳定情况，清除悬石、处理危石，施工期间不断做好监控和防护。

（2）场地清表。对洞口地形进行复测，确定合理的进洞方案，尽量少破坏或不破坏洞口原始植被。

（3）施工便道及场地硬化。一般路段路面填筑 20cm 厚砂砾石或弃碴并压实，设置 5%横坡，线路纵坡控制在 12%以内，根据通视条件每 100～200m 设置会车道。拌合场、生活区、加工场等作业区道路浇筑 20cm 厚 C20 混凝土面层，见图 2-3、图 2-4。

图 2-3 洞口场地布置

（*a*） （*b*）

图 2-4 场地硬化

（*a*）生活区场地硬化；（*b*）施工便道

3.2 截排水工程

3.2.1 工艺流程

截排水沟工艺流程如图 2-5。

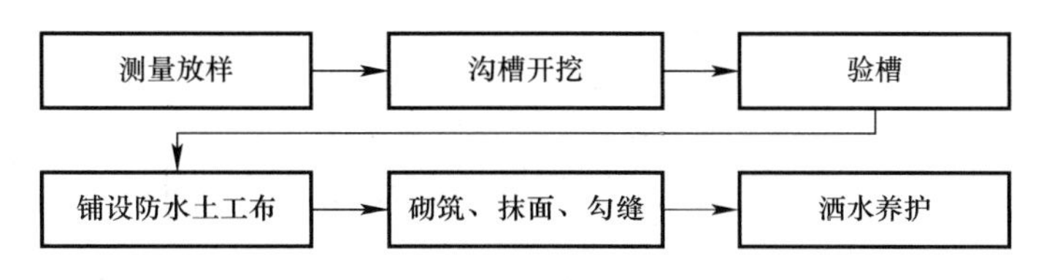

图 2-5　隧道洞口截排水工艺流程

3.2.2　施工控制要点

（1）洞顶截水沟应设置在距边仰坡开挖线 5～10m 范围内，应结合洞口实际地形地势防止地面水冲刷而导致边坡、仰坡落石、塌方，截水沟及排水沟的上游进水口应与原地面衔接紧密或略低于原地面，下游出水口应顺接已有排水系统。

（2）边坡、仰坡外的截水沟或排水沟，在洞口土石方开挖前完成。

（3）边坡、仰坡以外的山体表面，如有坑洼积水时，应按设计要求予以处理，但不得用土石方填筑，以免流失堵塞排水沟渠，影响洞口安全。

（4）洞口两侧边沟应与原自然排水系统相连，形成综合排水系统，反坡施工洞口，应设渗水盲沟或加设盖板的明沟，与两侧排水沟相连将水排出，见图 2-6。

（*a*）

（*b*）

图 2-6　隧道洞口顶截排水沟

（*a*）洞顶排水沟；（*b*）洞口排水沟

3.2.3　质量控制要点

（1）截水沟：洞顶截水沟结构尺寸符合设计要求，砌体质量符合规范要求，排水顺畅，无堵塞、无淤积、无开裂、无漏水，且两侧已接入路基排水边沟中。

（2）盲沟等临时排水工程能满足施工正常排水需要。

（3）地表的凹坑、洞穴等已处理，初步形成了完善的排水系统。

3.3　边仰坡开挖及支护

3.3.1　工艺流程

截排水工程结束以后紧接着进行洞口及边仰坡土石方工程，边仰坡开挖及支护工艺流程如图 2-7。

3.3.2　施工控制要点

（1）土石方开挖宜避开降雨期，如确需在雨期施工时，应制定严密的施工方案和防护措施，同时应加强对山坡稳走情况的监测、检查，防止因洞口开挖造成的滑坡、泥石流等

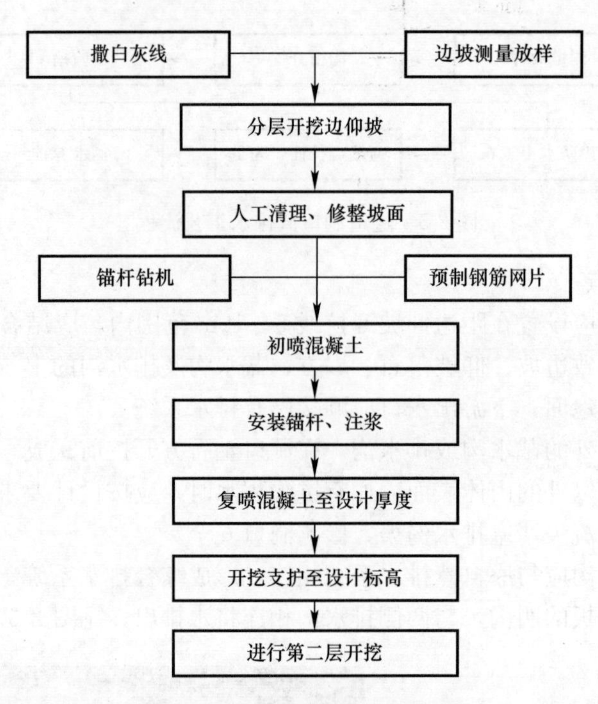

图 2-7 边仰坡开挖及支护流程

地质灾害。洞门端墙处的土石方，应视地层稳定程度、洞口施工季节和隧道施工方法等选择施工时机和施工方法。

（2）洞口边坡自上而下分阶段、分层进行开挖，每层开挖高度不大于 2.0m，开挖后及时进行锚杆安装和网片挂设，喷混凝土完成护坡；防护完成后方可进行下一层开挖。洞口有临近建（构）筑物时，应采取微控制爆破或机械开挖。

（3）洞口边、仰坡土石方的开挖应减少对岩、土体的扰动；开挖边、仰坡松软地层时，宜随挖随支护，随时监测、检查山坡稳定情况。当洞口可能出现地层滑坡、崩塌时，应及时采取预防和稳定措施稳定坡体，可采取地表砂浆锚杆、地表注浆等辅助工程措施或路基施工中稳定边坡的措施。

（4）锚杆施工时，应先在坡面上用红油漆画出每根锚杆准确位置；钻孔时应控制钻孔方向，保证孔深和孔径符合设计要求。

（5）如坡体含水率较大或有地下水，坡面渗水较多，应增设泄水孔。

（6）锚杆和钢筋网的制作与布置要符合设计要求，包括锚杆的直径、打入深度、钢筋网网片尺寸、搭接长度等，见图 2-8。

3.3.3 质量控制要点

（1）钢筋网的网格间距符合设计要求，网格尺寸偏差为±10mm；搭接长度不小于1～2 个网格。

（2）钢筋应冷拉调直后使用，钢筋表面不得有裂纹、油污、颗粒状或片状锈蚀。

（3）喷射混凝土原材质量符合规范要求，强度评定合格，喷层厚度均匀且不小于设计值，喷层表面平顺美观，且保护层厚度不小于 2cm。

（4）钢筋网应随初喷面的起伏铺设，与受喷面的间隙一般不大于 3cm，与锚杆连接牢固。

(a)　(b)　(c)

图 2-8　边仰坡开挖及支护

(a) 边仰坡开挖；(b) 边仰坡喷锚防护；(c) 边仰坡框架梁防护

3.4　管棚施工

3.4.1　工艺流程

管棚施工工艺流程如图 2-9 所示。

3.4.2　施工控制要点

(1) 套拱应尽量减少开挖，充分预留核心土，避免搭设台架进行作业。套拱两侧基脚应落在坚实基础上或采取基础加固措施。

(2) 套管应与拱架固定牢固，控制好外插角 1°～3°，套管两端要堵塞严实，避免混凝土灌入。

(3) 成孔：采用水平地质钻机，从导向管内钻孔，外插角为 1°～3°，钻进过程保持钻机匀速。

(4) 安设：由机械顶进，钢管节段间用丝扣连接；顶进前先进行管节加工采用不同长度规格，相邻间交替错接安装。管棚顶到位后，钢管与导向管间隙用速凝水泥或其他材料堵塞严密，以防浆液冒出，堵塞时设置进浆孔和排气孔。

(5) 注浆：注浆压力为 0.6～1.0MPa，当排气孔流出浆液后，关闭排气孔，继续注浆，达到设计注浆量或注浆压力时停止注浆。

(6) 施工过程中，为了防止注浆过程中发生串浆，每钻完一个孔，随即就安设该孔的钢管并注浆，然后再进行下一孔的施工，见图 2-10。

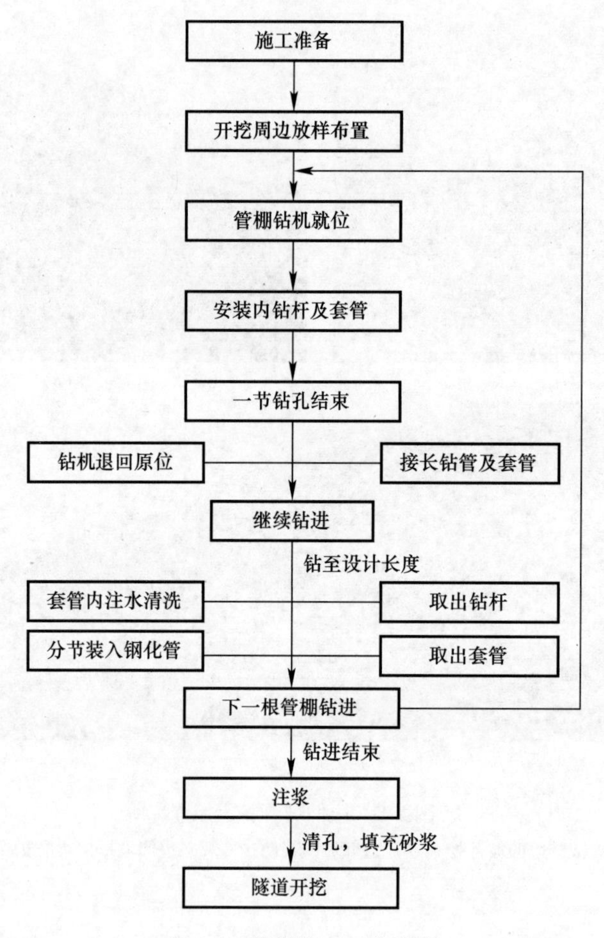

图 2-9　管棚施工工艺流程

3.4.3　质量控制要点

（1）以“管超前、严注浆、短进尺、弱爆破、强支护、勤量测”作为进洞施工的指导方针。

（2）超前支护所用钢筋、钢管等材质，环向间距、纵向搭接长度、方向等布设参数，以及锚固所用材料均须符合设计及规范要求；安装榀间距、垂直度、扭曲度符合设计及规范要求，底脚浮碴必须清除干净，并预留支撑沉落量，以防侵入净空。

（3）管棚施工准备：做好监测准备工作，需要对隧道洞口地表沉降进行布置测点，且位移较大的地段要加密测点，后期施工过程中要地表和洞室观测要同时进行。

（4）施做套拱：按照“先墙后拱”进行施做，即先做基础底部边墙，待边墙强度满足要求后施工拱圈部分，对基础底部达不到设计要求容许承载力的，要采取换填处理。

（5）钻孔：钻机就位后，根据事先量测放样好的点位进行施钻，施钻要紧顶掌子面，钻孔角度按设计 1°～3°角钻进，先低速钻进 20cm，再转入正常转速。

（6）顶管：接长管件要满足管棚受力要求，相邻管的接头应前后错开，避免接头在同一受力截面，通过钢管逐孔逐根编号，按编号顺序推进接管，一般采用奇数孔第一节 3m，偶数孔第一节 6m，以后每节都为 6m 的方法实施。

（7）注浆：对每根管进行清孔处理，检查管路和机械状况，确认正常后进行压浆试

图 2-10 管棚施工标准流程

(*a*) 套拱钢拱架安装；(*b*) 套管及模板安装；(*c*) 套拱混凝土浇筑；(*d*) 管棚钻孔；(*e*) 管棚安装；(*f*) 管棚注浆

验，确定合理的注浆参数。并通过监理工程师旁站，记录单孔注浆量和注浆压力，确定合适的注浆初压、终压。

4 质量检验标准

4.1 浆砌排水沟

4.1.1 基本要求

(1) 砌体砂浆配合比准确，砌缝内砂浆均匀饱满，勾缝密实。

(2) 浆砌片（块）石、混凝土预制块的质量和规格符合设计要求。

（3）基础中缩缝应与墙身缩缝对齐。

（4）砌体抹面应平整、压光、顺直，不得有裂缝、空鼓现象。

4.1.2 实测项目

洞口排水沟施工质量标准 **表 2-1**

项次	检查项目	规定值或允许偏差	检查方法和频率
1	砂浆强度（MPa）	在合格标准内	按《公路工程质量检验评定标准》JTG F80/1—2017 附录 F 检查
2	轴线偏位（mm）	50	经纬仪或尺量：每 200m 测 5 处
3	沟底高程（mm）	±15	水准仪：每 200m 测 5 点
4	墙面直顺度（mm）	30 或符合设计要求	20m 拉线、坡度尺：每 200m 测 2 处
5	断面尺寸（mm）	±30	尺量：每 200m 测 2 处
6	铺砌厚度（mm）	不小于设计	尺量：每 200m 测 2 处
7	基地垫层厚、宽（mm）	不小于设计	尺量：每 200m 测 2 处

4.1.3 外观鉴定

（1）砌体内侧及沟底应平顺。

（2）沟底不得有杂物。

4.2 边坡防护

4.2.1 基本要求

（1）锚杆、钢筋和土工格栅的强度、数量、质量和规格，必须符合设计和有关规范的要求。

（2）混凝土及砂浆所用的水泥、砂、石、水和外掺剂，必须符合有关规范的要求，按规范的配合比施工。

（3）边坡坡度、坡面应符合设计要求。岩面应无风化、无浮石，喷射前应用水冲洗干净。

（4）钢筋应清除污锈，钢筋网与锚杆或其他锚固装置连接牢固，喷射时钢筋不得晃动。

（5）锚杆插入毛孔深度不得小于设计长度的 95%，孔内砂浆应密实、饱满。

（6）喷射前应做好排水设施，对漏水的空间，缝隙应采用堵水等措施，确保支护质量。

（7）钢筋、土工格栅或锚杆不得外露，混凝土不得开裂脱落。

4.2.2 实测项目

边仰坡防护质量标准 **表 2-2**

项次	检查项目	规定值或允许偏差	检查方法和频率
1	混凝土强度（MPa）	在合格标准内	按《公路工程质量检验评定标准》JTG F80/1—2017 附录 E 检查
2	砂浆强度（MPa）	在合格标准内	按《公路工程质量检验评定标准》JTG F80/1—2017 附录 F 检查
3	锚孔深度（mm）	不小于设计	尺量：抽查 10%
4	锚杆（索）间距（mm）	±100	尺量：抽查 10%
5	锚杆拔力（kN）	拔力平均值≥设计值 最小拔力≥0.9 设计值	拔力试验：锚杆数 1%，且不少于 3 根

续表

项次	检查项目	规定值或允许偏差	检查方法和频率
6	喷层厚度	平均厚≥设计厚；60%检查点的厚度≥设计厚；最小厚度≥0.5设计厚，且不小于设计规定	尺量（凿孔）或雷达断面仪：每10m检查1个断面，每3m检查1点
7	锚索张拉应力（MPa）	符合设计要求	油压表：每索由读数反算
8	张拉伸长率（%）	符合设计规定；设计未规定时采用±6	尺量：每索
9	断丝、滑丝数	每束1根，且每断面不超过钢丝总数的1%	目测：逐根（束）检查

4.2.3 外观鉴定

混凝土表面密实，不得有突变；与原表面结合紧密，不应起鼓。

4.3 管棚

4.3.1 基本要求

（1）钢管的型号、质量和规格等应符合设计和规范要求。

（2）超前钢管与钢架支撑配合使用时，应从钢架腹部穿过，尾端与钢架焊接。

（3）钢管插入孔内的长度不得短于设计长度的95%。

4.3.2 实测项目

超前钢管实测项目 **表2-3**

序号	项目	规定值或允许偏差	检查方法和频率
1	长度（mm）	不小于设计	仪器：检查10%
2	孔位（mm）	±50	尺量：检查10%
3	钻孔深度（mm）	±50	尺量：检查10%
4	孔径（mm）	符合设计要求	尺量：检查10%

4.3.3 外观鉴定

钢管沿开挖轮廓线周边均匀布置，尾端与钢架焊接牢固，入孔长度符合要求。

第三章　明洞及洞门施工工艺标准

1　工艺概述

明洞及洞门工程是隧道工程的重要组成，是隧道与其他构筑物连接部分。主要包括明洞衬砌、明洞防排水、洞门施工、明洞回填等工序。明洞的结构类型采用最多的为拱式明洞和棚式明洞两种。隧道常见的洞门形式主要分为前置式、端墙式两大类。

2　工序流程

明洞及洞门一次性浇筑施工工艺流程见图 3-1。

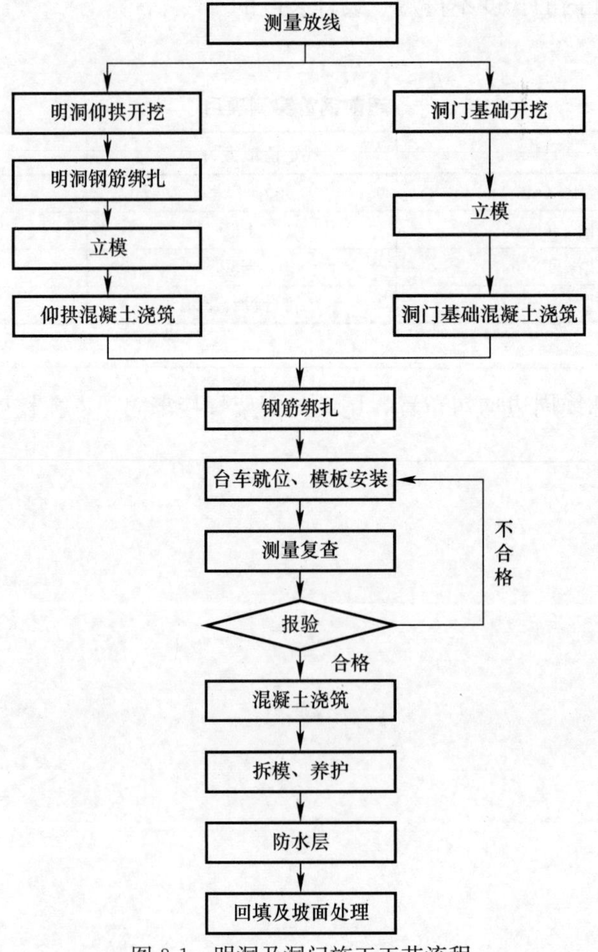

图 3-1　明洞及洞门施工工艺流程

3　施工工艺及控制要点

3.1　施工准备

（1）精密导线网复测完毕并确定成果可用后，对明洞段进行施工放样，放出线路中桩，测绘明洞地表横断面图与设计原地面高程比较，按照设计边坡坡度放出明洞明挖开口边桩并撒出白灰线。

（2）制作明洞及洞门浇筑模板，确定模板安装及加固方案，模板进场打磨、验收合格后方可使用。

（3）做好进场原材料复检、试验工作。

3.2　明洞

3.2.1　施工工艺

明洞施工工艺流程见图3-2。

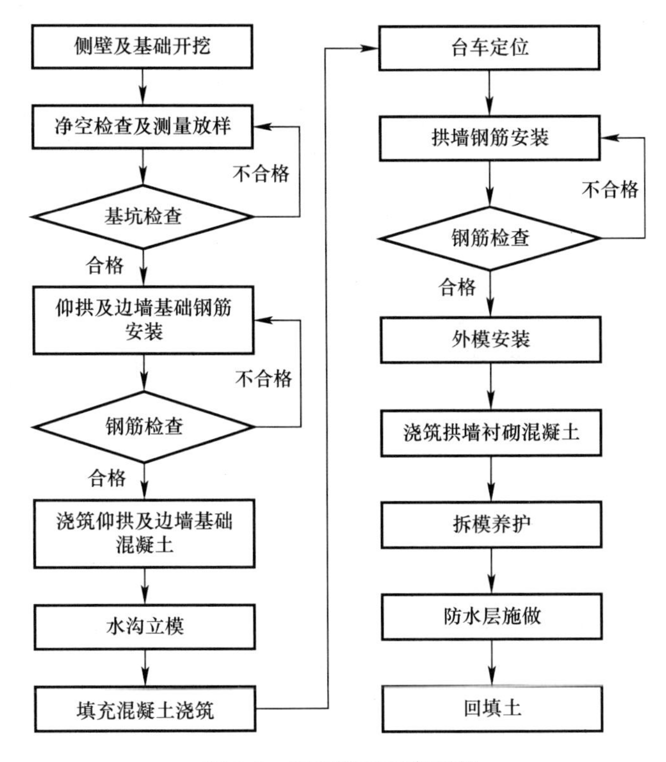

图3-2　明洞施工工序流程

3.2.2　施工要点

（1）基础开挖

1）基础开挖应按照分段开挖分段施工原则进行，严禁一次性全部开挖完成，造成基坑长时间暴露，见图3-3。

2）基坑开挖完成要进行地基承载力检测，不能满足设计要求的应进行地基加固处理。

(a)

(b)

图 3-3　明洞仰拱开挖

(a) 明洞仰拱开挖；(b) 明洞基础换填

(2) 仰拱钢筋制安

1) 钢筋采取在洞外钢筋加工场进行制作，现场安装。钢筋在定制的模具上进行制作，钢筋的连接应保证焊缝的长度、宽度、厚度符合要求。安装应保证间距均匀，各钢筋允许偏差在规范允许范围之内。

2) 预留拱墙钢筋要充分考虑搭接长度、拱部钢筋总长，避免钢筋下料浪费，见图 3-4。

(a)

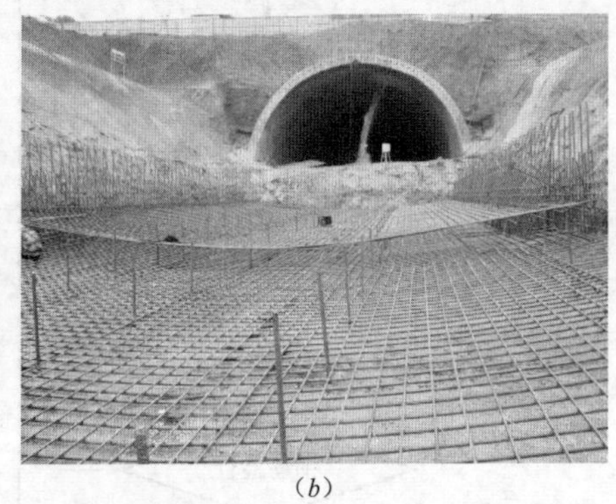

(b)

图 3-4　仰拱及边墙基础钢筋安装

(a) 仰拱及边墙钢筋安装；(b) 仰拱及边墙钢筋安装

(3) 仰拱模板安装及混凝土浇筑

1) 模板安装位置准确、加固牢固；

2) 设置标高控制桩，严格控制混凝土标高和仰拱弧形准确；

3) 控制混凝土坍落度，避免坍落度过大，见图 3-5。

(4) 台车就位

1) 衬砌台车打磨验收。衬砌台车进场后应组织相关人员会同监理工程师共同对衬砌台车进行验收，重点检查设计尺寸是否准确、焊缝是否饱满、液压装置是否良好，窗口设置是否合理；台车进场后要进行全面打磨，确保面板平整，重点是接缝和窗口部位。打磨完成后涂刷隔离剂。

2) 台车定位。根据隧道中心线确定台车位置，中线定位准确后进行标高和两侧边线测量，见图 3-6。

（a）　　　　（b）

图 3-5　仰拱浇筑混凝土

（a）仰拱混凝土浇筑中；（b）仰拱混凝土浇筑后

（a）　　　　（b）

图 3-6　台车验收、定位

（a）台车验收；（b）台车定位

（5）钢筋安装

台车精确定位后，明洞拱墙钢筋在台车面板上进行安装，先安装内层钢筋，再安装外层钢筋，两排钢筋之间必须设置固定筋，以保证两层钢筋间的距离符合设计要求，见图 3-7。

图 3-7　明洞钢筋制安

（6）外模板安装

模板安装接缝应严密、支撑牢固，特别是明洞外模在圆心高度范围内应加强支撑，防止因捣固混凝土及混凝土挤压而造成模型移动变形，见图 3-8。

（7）混凝土浇筑

混凝土采用拌合站集中拌合，混凝土运输车运输，混凝土输送泵泵送入模，插入式振捣器分层振捣，对称入模，整体浇筑，不留施工缝。拱墙混凝土应一次浇筑成型。外层木模板在浇筑过程中，顶部不封模，等混凝土浇筑到顶部位置，降低混凝土坍落度，使得混凝土不易流动，最后振捣修整成型，见图 3-9。

（8）拆模养护

混凝土浇筑完毕后拆模及养护时间均应符合验标要求。模板采用人工配合吊车，自上而下拆除，模板拆除后分类堆码，妥善保管，以便其他洞口使用，见图 3-10。

（*a*）

（*b*）

图 3-8　台车外模安装

（*a*）台车外模安装；（*b*）台车外模加固

（*a*）

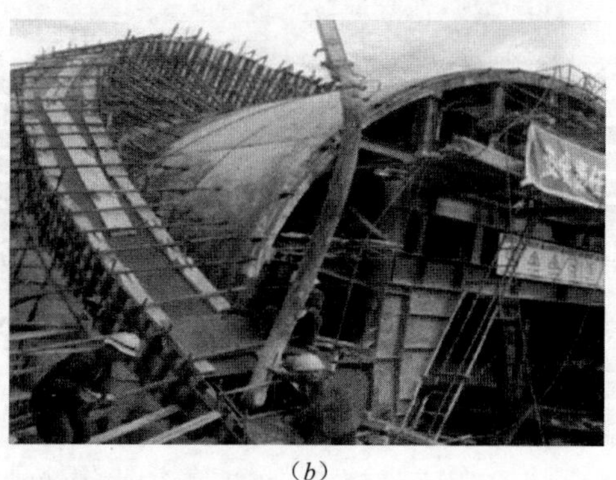

（*b*）

图 3-9　混凝土浇筑

（*a*）明洞混凝土浇筑；（*b*）明洞混凝土浇筑

（9）明洞防水

1）在铺设防水层前应对混凝土表面进行打磨或涂抹砂浆层，避免刺破防水材料。

2）明暗交界变形缝处理至关重要，不得破坏止水带、防水板等材料，见图 3-11。

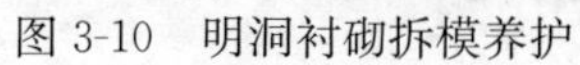

图 3-10　明洞衬砌拆模养护

图 3-11　明洞防水施工

（10）明洞回填

1）明洞回填应在明洞外防水层施做完成且混凝土强度达到设计强度后进行，侧墙回填应两侧对称进行。

2）土质地层，应将墙背坡面挖成台阶状，用片石分层码砌，缝隙用碎石堵塞密实。拱部回填应两侧分层夯实，每层厚度不大于 0.3m，两侧回填土面的高差不得大于 0.5m。

3）回填与拱顶齐平后，再分层满铺填筑至设计高程。采用机械回填时，应在人工夯填超过拱顶 1.0m 以上后进行。拱顶需做黏土隔水层时，隔水层应与边仰坡搭界平顺、封闭紧密，防止地表水下渗，明洞回填见图 3-12。

图 3-12　明洞回填

3.2.3　明洞施工质量控制要点

（1）明洞开挖边坡应平顺美观，无浮石、危石；超挖符合规范要求，边、仰坡坡率不大于设计值。

（2）拱圈应按断面要求制作定型挡头板、外模和骨架，并应采取防止走模的措施。

（3）浇注混凝土前应复测中线和高程，衬砌不得侵入设计轮廓线。

（4）浇筑拱圈混凝土达到设计强度 70%以上时，方可拆除台车。

（5）衬砌背后以砂浆涂抹平整。设置防水层时在拱背涂上一层热沥青后，立即环向敷设卷材防水层，从上而下，敷设时应粘贴紧密，相互搭接错缝，防水板采用热熔双缝焊接，搭接长度不小于 100mm，并向隧道内延伸不少于 0.5m，与暗洞防水板连接良好。

（6）明洞拱背回填应对称分层夯实，每层厚度不得大于 0.3m，其两侧回填的土面高差不得大于 0.5m。回填至拱顶齐平后，应立即分层满铺填筑至要求高度，夯实度不得小于 90%。

（7）使用机械回填应待拱圈混凝土强度达到设计强度且由人工夯实填至拱顶以上 1.0m 后方可进行。

（8）拱背回填需作黏土隔水层时，隔水层应与边、仰坡搭接良好，封闭紧密，防止地表水下渗影响回填体的稳定。

3.3　洞门

3.3.1　施工工艺

洞门施工工艺流程见图 3-13。

3.3.2　施工要点

（1）基础开挖

1）土质地基应整平夯实，土层松软时，应加碎石，人工夯实，将基础置于稳固的地基上。

2）土质基础开挖完成后应进行地基承载力检测，不能满足设计要求时，应采取加固措施。

（2）墙体施工

1）端墙施工放样时，应保证位置准确和墙面坡度平顺。

2）灌注混凝土应保证模板不移动。

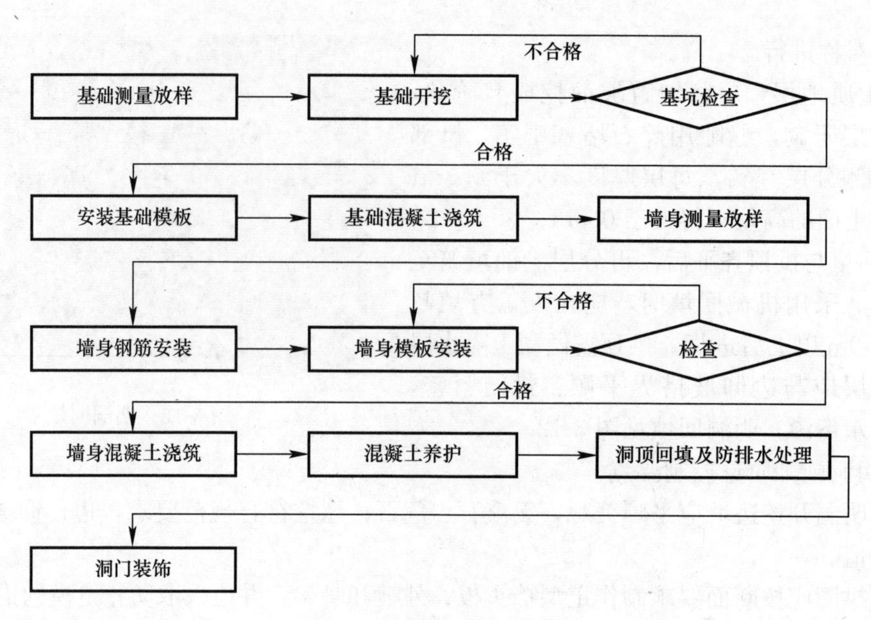

图 3-13　洞门施工工序流程

3）洞门端墙的砌筑与墙背回填应两侧同时进行，防止对衬砌边墙产生偏压。

4）洞门衬砌完成后，及时处治洞门上方仰坡脚受破坏处。当边（仰）坡地层松软、破碎时，应采取坡面防护措施。

5）端墙式洞门砌筑前应做好洞门砌筑工艺设计。按洞门设计尺寸按比例画出正面图，设计好料石排列规划及组砌方法，确定丁石和顺石的尺寸，见图 3-14。

(*a*)　(*b*)

图 3-14　洞门端墙

(*a*) 砌筑式洞门端墙；(*b*) 整体浇筑式洞门端墙

3.3.3　洞门施工质量控制要点

（1）砌体质量控制要点

1）面层料石一丁一顺分层砌筑。石料精雕细凿、方正，表面修凿的纹路整齐统一，色泽一致。墙背浆砌片石部分与面层咬合砌筑避免“两层皮”，砌缝砂浆插捣密实。

2）砌筑砂浆按试验确定的配合比，精确采用称重法计量，机械拌制，用不漏浆的斗、灰桶运送。

3）采用模形架、坡度尺、靠尺控制洞门墙尺寸、坡率和平整度。

4）采用方木条控制砌缝的宽度和深度；用水平尺控制砌缝的横平竖直。

5）沉降缝、伸缩缝按设计位置设置。其端面平整度、垂直度采用靠尺和水平尺控制，避免砌体相互咬合造成洞门墙局部沉降时破坏结构。

6）勾凹缝后，缝内涂黑色油漆，醒目美观。

7）砌体施工过程中应及时按设计布置泻水孔，对个别出水点及时将水引出，并做好墙背后反滤层、排水盲沟等。

（2）混凝土质量控制要点

1）应采用大块钢模板，拼缝紧密。

2）每次浇筑高度应在同一标高位置，接茬位置设置接插钢筋。

3）隧道洞门端墙两侧的混凝土浇筑与墙背后回填应对称进行，不得对拱、墙衬砌产生偏压。端墙和翼墙、挡土墙背后应按设计要求分层回填密实。

4）隧道门及洞口段衬砌应尽早施工以保证洞口边、仰坡稳定。隧道洞门和缓冲结构的基础必须置丁稳固的地基上，基坑超挖部分应用与基础同级混凝土和基础同步浇筑。

4 质量检验标准

4.1 明洞浇筑

4.1.1 基本要求

（1）水泥、砂、石、水及外掺剂的质量须符合设计和规范要求。按规定的配合比施工。

（2）寒冷地区混凝土骨料应按有关规定进行抗冻试验，结果应符合规范要求。

（3）基础的地基承载力须满足设计和规范要求，严禁超挖回填虚土。

（4）钢筋的加工、接头、焊接和安装以及混凝土的拌制、运输、灌注、养护、拆模均须符合设计和规范要求。

（5）明洞与暗洞应连接良好，符合设计和规范要求。

4.1.2 实测项目

明洞浇筑实测项目 **表 3-1**

项次	检查项目	规定值或允许偏差	检查方法和频率
1△	混凝土强度（MPa）	在合格标准内	按《公路工程质量检验评定标准》附录D检查
2△	混凝上厚度（mm）	不小丁设计	尺量或地质雷达：每20m检查一个断面，每个断面自拱顶每3m检查1处
3	混凝土平整度（mm）	20	2m直尺：每10m每侧检查2处

注：带△标记的为主控项目。

4.1.3 外观鉴定

（1）混凝土表面密实，每延米的隧道面积中，蜂窝麻面和气泡面积不超过0.5%。深度超过10mm时应处理。

（2）结构轮廓线条顺直美观，混凝土颜色均匀一致。

（3）施工缝平顺无错台。

（4）混凝土因施工养护不当产生裂缝。

4.2 明洞防水层

4.2.1 基本要求

（1）防水材料的质量、规格等应符合设计和规范要求。

（2）防水层施工前，明洞混凝土外部应平整，不得有钢筋露出。

（3）明洞外模拆除后应立即做好防水层和纵向盲沟。

4.2.2 实测项目

防水层实测项目 **表 3-2**

项次	检查项目	规定值或允许偏差	检查方法和频率
1	搭接长度（mm）	≥100	尺量：每环测 3 处
2	卷材向隧道延伸长度（mm）	≥500	尺量：检查 5 处
3	卷材于基底的横向长度（mm）	≥500	尺量：检查 5 处
4	沥青防水层每层厚度（mm）	2	尺量：检查 10 点

4.2.3 外观鉴定

防水卷材无破损，接合处无气泡、折皱和空隙。不符合要求时，采取修补措施或返工处理。

4.3 明洞回填

4.3.1 基本要求

（1）墙背回填应两侧同时进行。

（2）人工回填时，拱圈混凝土的强度应达到设计强度的75%。机械回填时，拱圈混凝土强度应达到设计强度且拱圈外人工夯填厚度不小于1.0m。

（3）明洞黏土隔水层应与边坡、仰坡搭接良好，封闭紧密。

4.3.2 实测项目

明洞回填实测项目 **表 3-3**

项次	检查项目	规定值或允许偏差	检查方法和频率
1	回填层厚（mm）	≤300	尺量：回填一层检查一次，每次每侧检查 5 点
2	两侧回填高差（mm）	≤500	水准仪：每层测 3 次
3	坡度	不大于设计	尺量：检查 3 处
4△	回填压实质量	压实质量符合设计要求	查施工记录

注：带△标记的为主控项目。

4.3.3 外观鉴定

坡面平顺、密实，捧水通畅。

4.4 衬砌钢筋

4.4.1 基本要求

钢筋的品种、规格、形状，尺寸、数量、间距、接头位置必须符合设计要求和有关标准的规定。

4.4.2 实测项目

衬砌钢筋实测项目 **表 3-4**

<table>
<tr><th>项次</th><th colspan="3">检查项目</th><th>规定值或允许偏差</th><th>检查方法和频率</th></tr>
<tr><td>1△</td><td colspan="3">主筋间距（mm）</td><td>±10</td><td>尺量：每 20m 检查 5 点</td></tr>
<tr><td>2</td><td colspan="3">两层钢筋间距（mm）</td><td>±5</td><td>尺量：每 20m 检查 5 点</td></tr>
<tr><td>3</td><td colspan="3">箍筋间距（mm）</td><td>±20</td><td>尺量：每 20m 检查 5 处</td></tr>
<tr><td rowspan="4">4</td><td rowspan="4">绑扎搭接长度</td><td rowspan="2">受拉</td><td>Ⅰ级钢</td><td>30d</td><td rowspan="4">尺量：每 20m 检查 3 个接头</td></tr>
<tr><td>Ⅱ级钢</td><td>35d</td></tr>
<tr><td rowspan="2">受压</td><td>Ⅰ级钢</td><td>20d</td></tr>
<tr><td>Ⅱ级钢</td><td>25d</td></tr>
<tr><td>5</td><td>钢筋加工</td><td colspan="2">钢筋长度（mm）</td><td>−10，+5</td><td>尺量：每 20m 检查 2 根</td></tr>
</table>

注：带△标记的为主控项目。

4.4.3 外观鉴定

无污秽、无锈蚀。

4.5 洞门

4.5.1 砌体洞门

（1）基本要求

1）石料或混凝土预制块的强度、规格和质量应符合有关规范和设计要求。

2）砂浆所用的水泥、砂、水的质量应符合有关规范的要求，按规定的配合比施工。

3）地基承载力必须满足设计要求，基础埋置深度应满足施工规范要求。

4）砌筑应分层错缝。浆砌时坐浆挤紧，嵌填饱满密实，不得有空洞；干砌时不得松动、叠砌和浮塞。

5）沉降缝、泄水孔、反滤层的设置位置、质量和数量应符合设计要求。

（2）实测项目

砌体洞门实测项目 **表 3-5**

<table>
<tr><th>项次</th><th colspan="2">检查项目</th><th>规定值或允许偏差</th><th>检查方法和频率</th></tr>
<tr><td>1△</td><td colspan="2">砂浆强度（MPa）</td><td>在合格标准内</td><td>按《公路工程质量检验评定标准》JTG F80/1—2017 附录 F 检查</td></tr>
<tr><td>2</td><td colspan="2">平面位置（mm）</td><td>50</td><td>经纬仪：每 20m 检查墙顶外边线 3 点</td></tr>
<tr><td>3</td><td colspan="2">顶面高程（mm）</td><td>±20</td><td>水准仪：每 20m 检查 1 点</td></tr>
<tr><td>4</td><td colspan="2">竖直度或坡度（%）</td><td>0.5</td><td>吊垂线：每 20m 检查 2 点</td></tr>
<tr><td>5△</td><td colspan="2">断面尺寸（mm）</td><td>不小于设计</td><td>尺量：每 20m 量 2 个断面</td></tr>
<tr><td>6</td><td colspan="2">底面高程（mm）</td><td>±50</td><td>水准仪：每 20m 检查 1 点</td></tr>
<tr><td rowspan="3">7</td><td rowspan="3">表面平整度（mm）</td><td>块石</td><td>20</td><td rowspan="3">2m 直尺：每 20m 检查 3 处，每处检查竖直和墙长两个方向</td></tr>
<tr><td>片石</td><td>30</td></tr>
<tr><td>混凝土块、料石</td><td>10</td></tr>
</table>

注：带△标记的为主控项目。

（3）外观鉴定

1）砌体表面平整，砌缝完好、无开裂现象，勾缝平顺，无脱落现象。

2）泄水孔坡度向外，无堵塞现象。不符合要求时必须进行处理。

3）沉降缝整齐垂直，上下贯通。不符合要求时必须进行处理。

4.5.2 浇筑洞门

（1）基本要求

1）混凝土所用的水泥、石、砂、水和外掺剂的规格和质量应符合有关规范的要求，按规定的配合比施工。

2）地基强度必须满足设计要求。

3）不得有露筋和空洞现象。

4）沉降缝、泄水孔的设置位置、质量和数量应符合设计要求。

（2）实测项目

浇筑洞门实测项目 **表 3-6**

项次	检查项目	规定值或允许偏差	检查方法和频率
1△	混凝土强度（MPa）	在合格标准内	按《公路工程质量检验评定标准》JTG F80/1—2017 附录 D 检查
2	平面位置（mm）	30	经纬仪：每 20m 检查 3 点
3	顶面高程（mm）	±20	水准仪：每 20m 检查 1 点
4	竖直度或坡度（%）	0.3	吊垂线：每 20m 检查 2 点
5△	断面尺寸（mm）	不小于设计	尺量：每 20m 检查 2 个断面，抽查扶臂 2 个
6	底面高程（mm）	±30	水准仪：每 20m 检查 1 点
7	表面平整度（mm）	5	2m 直尺：每 20m 检查 2 处

注：带△标记的为主控项目。

（3）外观鉴定

1）混凝土施工缝平顺。

2）蜂窝、麻面面积不得超过该面面积的 0.5%，深度超过 1cm 的必须处理。

3）裂缝宽度超过设计规定或设计未规定时超过 0.15mm 必须处理。

4）泄水孔坡度向外，无堵塞现象。

5）沉降缝整齐垂直，上下贯通。不符合要求时应进行处理。

第四章　超前支护施工工艺标准

1　工艺概述

隧道超前支护，是指在隧道开挖之前，在掌子面前方地层设置一个像拱壳的连续体，既加固掌子面前方地层，又保持自然地层特性，保证掌子面及地层稳定，减少地表沉降量。具体施工包含超前锚杆支护、洞内超前管棚支护、超前小导管预注浆支护、超前预注浆、地表砂浆锚杆、地表注浆等。

超前支护主要用于自稳时间短的软弱破碎岩体、浅埋软岩和严重偏压、岩溶流泥地段，砂层、砂（卵）石层，断层破碎带及大面积淋水或涌水地段。

2　工序流程

超前支护工序流程见图 4-1。

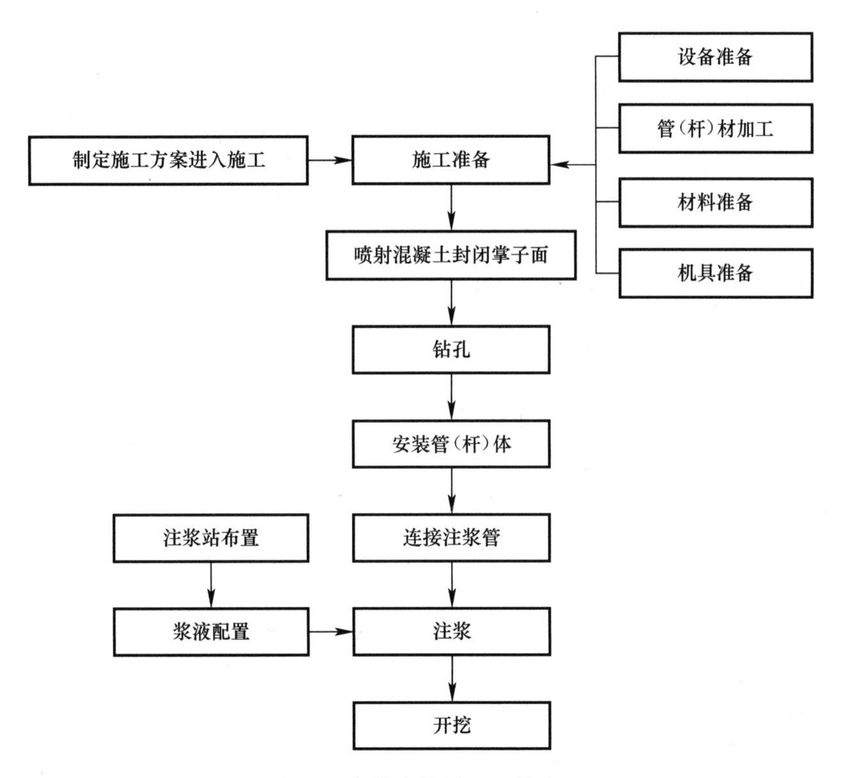

图 4-1　超前支护施工工艺流程

3 施工工艺及控制要点

3.1 施工准备

（1）根据本工程隧道设计图，精确计算超前支护相关位置。

（2）按设计要求放样定出钻孔位置，确保孔口位置准确，并做好标记。

（3）设计砂浆配合比、注浆浆液配合比，报监理审批。

（4）混凝土浇筑前及注浆前对水泥、砂子、碎石等抽样检测，出具施工配合比。

（5）根据不同的支护方式，配备施工机械。

3.2 超前锚杆支护

3.2.1 施工工艺

超前锚杆工序流程见图4-2。

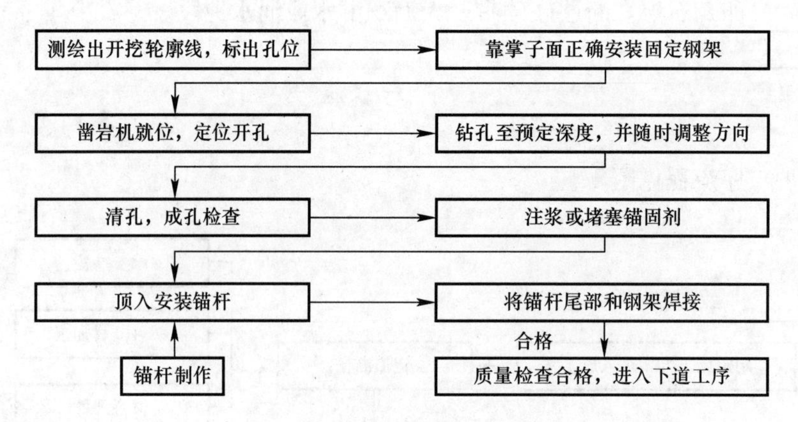

图4-2 超前锚杆施工工艺流程

3.2.2 施工控制要点

（1）钻孔

1）测量开挖面中线、标高，画出开挖轮廓线，并点出锚杆孔位。

2）钻孔台车或凿岩机就位，对正孔位钻孔，达到设计要求后，用吹管将孔内碎渣和水排出。

3）钻孔外插角宜为5°～10°。锚杆长度宜为3～5m，并应大于循环进尺的2倍。

4）超前锚杆搭接长度应大于1m，锚杆插入孔内的长度不得小于设计长度。

（2）超前锚杆安装

1）注浆或填塞锚固药卷：将早强锚固剂药卷放在水中，泡至软而不散时取出，再人工持炮棍将药卷塞满至孔深1/3～1/2处。

2）采用单管注浆工艺，灌浆管应插至距孔底50～100mm处，开始注浆后反复将注浆管向孔底送，使砂浆将孔内多余的水挤压出孔外，之后随水泥砂浆的注入缓慢匀速拔出。灌浆压力不宜大于0.4MPa。

3）用人工持铁锤将锚杆打入，以锚杆达孔底且孔口有浆液流出为止。

4）将锚杆的尾部和系统锚杆的环向钢筋或钢架焊连，以增强共同支护作用。

5）锚杆沿开挖轮廓线周边均匀布置，尾端与钢架焊接牢固，锚杆入孔长度符合要求。

6）当超前锚杆和钢架配合使用时，宜先安装钢架，再穿过钢架腹部钻孔、安装锚杆，以利于钢架顺利安装，见图 4-3。

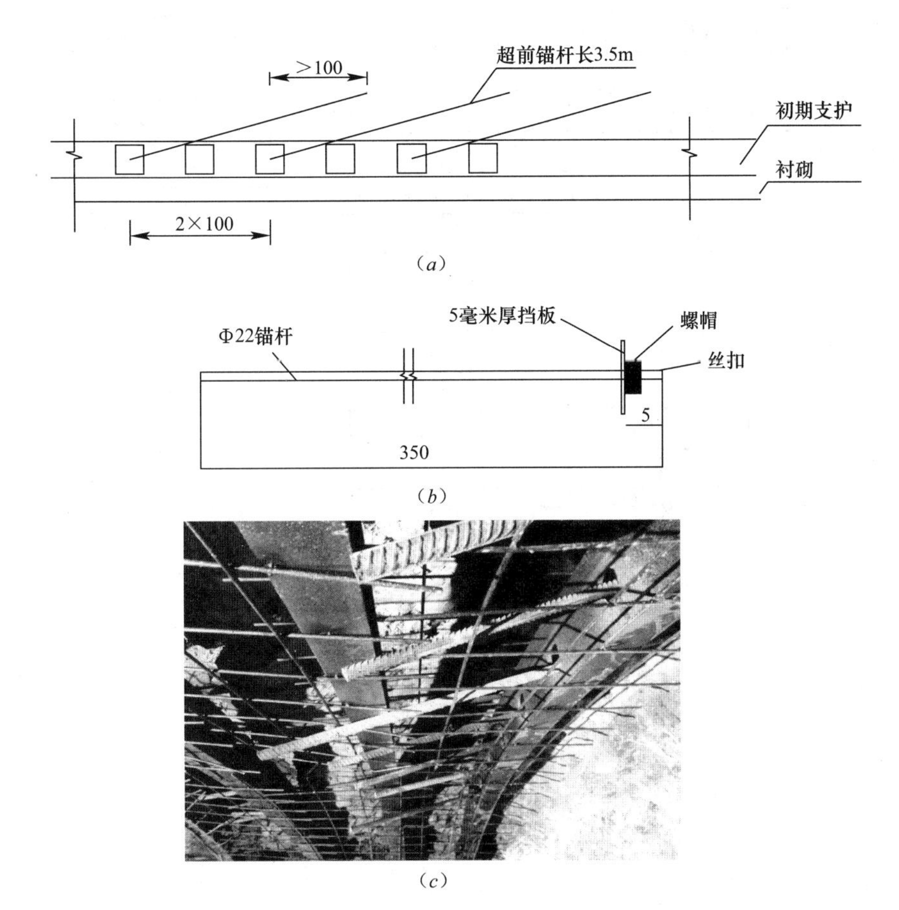

图 4-3　超前砂浆锚杆施工

(a) 超前砂浆锚杆安装图；(b) 砂浆锚杆构造图；(c) 超前锚杆安装

3.2.3 施工质量控制要点

(1) 锚杆布孔沿隧道中线向两侧按设计环向间距均匀布孔。

(2) 钻孔外插角要严格控制在 5°～10°范围内。

(3) 锚杆插入孔内深度不小于设计的 95%。

(4) 锚杆砂浆强度不得低于 M20。

(5) 锚杆要除去油污、铁锈和杂质。

3.3　超前小导管预注浆支护

3.3.1 施工工艺

超前小导管工序流程见图 4-4。

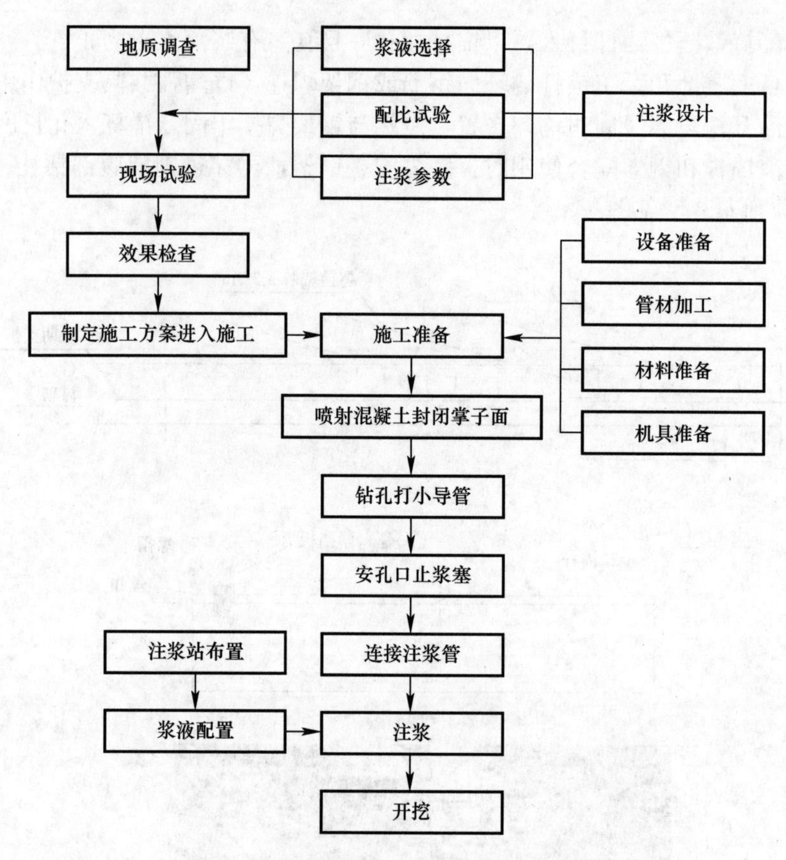

图 4-4　超前小导管注浆施工工艺流程

3.3.2　施工控制要点

（1）钻孔

1）在掌子面测量布孔，并标出孔位，用凿岩机或钻孔台车钻眼，成孔后，用吹管或掏勺将孔内砂石吹（掏）出，以免堵塞。

2）超前小导管沿隧道纵向开挖轮廓线向外以 10°～15°的外插角钻孔。

3）导管采用凿岩机或手持风钻钻孔时，其孔深应适当超深；采用锤击或钻机顶入时，其顶入长度不应小于管长的 90%。孔径较设计导管管径大 20mm 以上。

（2）钢管加工

1）小导管前端加工成锥形，防止浆液前冲，方便顺利插入已钻好的导管孔内。

2）当围岩松软时，也可以直接打入，小导管尾端采用 $\phi6$～$\phi8$ 钢筋焊一圈加强箍，防止顶进时导管尾端变形。

3）为了便于注浆，在小导管中部钻 $\phi6$～$\phi8$@(10～15)cm、梅花形布置的小孔。对加工好的成品要经过严格的质量检验，以保证注浆质量，见图 4-5。

（3）导管安装

1）成孔后，将小导管按设计要求插入孔中，或用凿岩机直接将小导管从型钢钢架上部、中部打入，外露 20cm 支撑于开挖面后方的钢架上，钢管要与拱架焊接牢固，与钢架共同组成预支护体系。

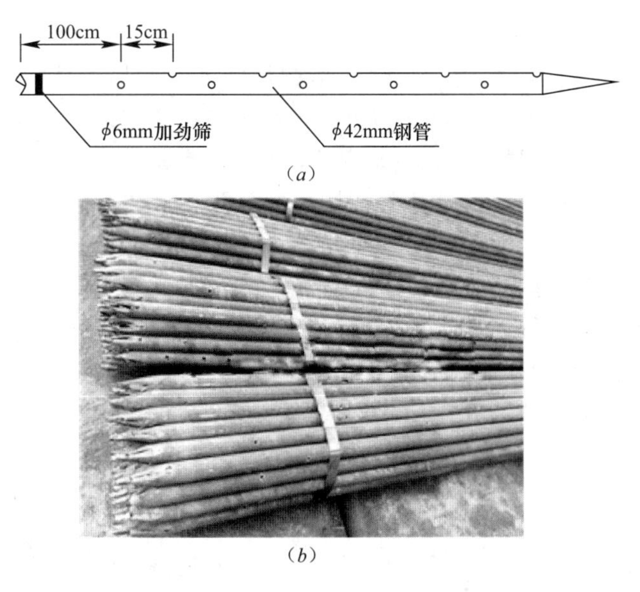

(*a*)

(*b*)

图 4-5　超前小导管加工

(*a*) 超前小导管加工示意图；(*b*) 超前小导管成品

2）为防止注浆漏浆，在小导管的尾部用胶泥麻筋缠箍成楔形，以便钢管顶进孔内后其外壁与岩壁间隙堵塞严密。钢管尾端外露足够长度，并与格栅钢架焊接在一起。钢管顶进时，注意保护管口不受损变形，以便与注浆管路连接。

（4）封闭掌子面

小导管注浆前，应对开挖面及 5m 范围内的坑道喷射厚为 5～10cm 混凝土或用模筑混凝土封闭，以防止注浆作业时，发生孔口跑浆现象。

（5）浆液配制

1）水泥浆液搅拌应在拌和机内进行，并在注浆过程中不停搅拌。根据拌和机容量大小，严格按要求投料。

2）按设计和通过现场试验确定浆液配比、注浆压力等注浆参数。

3）配制水泥浆或稀释水玻璃浆液时，严防水泥包装纸及其杂物混入。拌好的浆液在进入贮浆槽及注浆泵之前应对浆液进行过滤，未经过滤网过滤的浆液不允许进入泵内。

4）配制好的浆液应在规定时间内注完，随配随用。

5）小导管安装完成后，旋上孔口阀，连接注浆管路后，利用注浆泵先压水检查管路、设备状况，再做压水试验。

（6）注浆作业

1）采用专用注浆泵注浆，为加速注浆，可在小导管前安装分浆器，一次可注入 3～5 根小导管。

2）清孔后，按由下至上的顺序施工，浆液先稀后浓、注浆量先大后小。

3）注浆压力按分级升压法控制，由注浆泵油压控制调节。

4）常见注浆异常现象处理。发生串浆现象，采用多台泵同时注浆或堵塞串浆孔隔孔注浆；注水泥浆压力突然升高应立即停机检查；水泥浆单液进浆量很大，压力上不去，则应调整浆液浓度及配合比，缩短凝胶时间，进行小量低压力注浆或间歇式注浆，但停留时间不能超过混合浆的凝胶时间。

5）结束标准：以终压控制为主，注浆量较核。当注浆压力为0.7～1.0MPa，持续15min，注浆量达到设计注浆量的80％以上，可结束该孔注浆；注浆压力未能达到设计终压，注浆量已达到设计注浆量，并无漏浆现象，亦可结束该孔注浆。

6）本循环注浆结束标准：所有注浆孔均达到单孔注浆结束标准，无漏注现象，即可结束本循环注浆。

（7）对小导管注浆要有旁站记录

记录内容必须包含以下内容：施作里程范围、小导管根数、长度、最大单根注浆量、最小单根注浆量、总注浆量、注浆控制压力。（注浆量以水泥用量为准）。同时对小导管的安装和注浆必须要有影像资料。严禁未注浆行为，见图4-6。

图4-6　超前小导管施工

（*a*）钻孔；（*b*）安装；（*c*）注浆孔；（*d*）注浆作业

3.3.3　超前小导管施工质量控制要点

（1）小导管布孔沿隧道中线向两侧按设计环向间距均匀布孔。

（2）保证钻孔深度不小于设计深度，导管插入深度不小于设计的95％。

（3）钻孔外插角应控制在10°～15°范围内。

（4）导管尾部应于钢架焊接。

（5）严格控制配合比与凝胶时间，初选配合比后，用凝胶时间控制调节配合比，并测定注浆固结体的强度，选定最佳配合比。

（6）注浆过程中，严格控制注浆压力，注浆终压必须达到设计要求，并稳压，保证浆液的渗透范围。

3.4 洞内超前管棚支护

3.4.1 施工工艺

超前管棚工序流程见图 4-7。

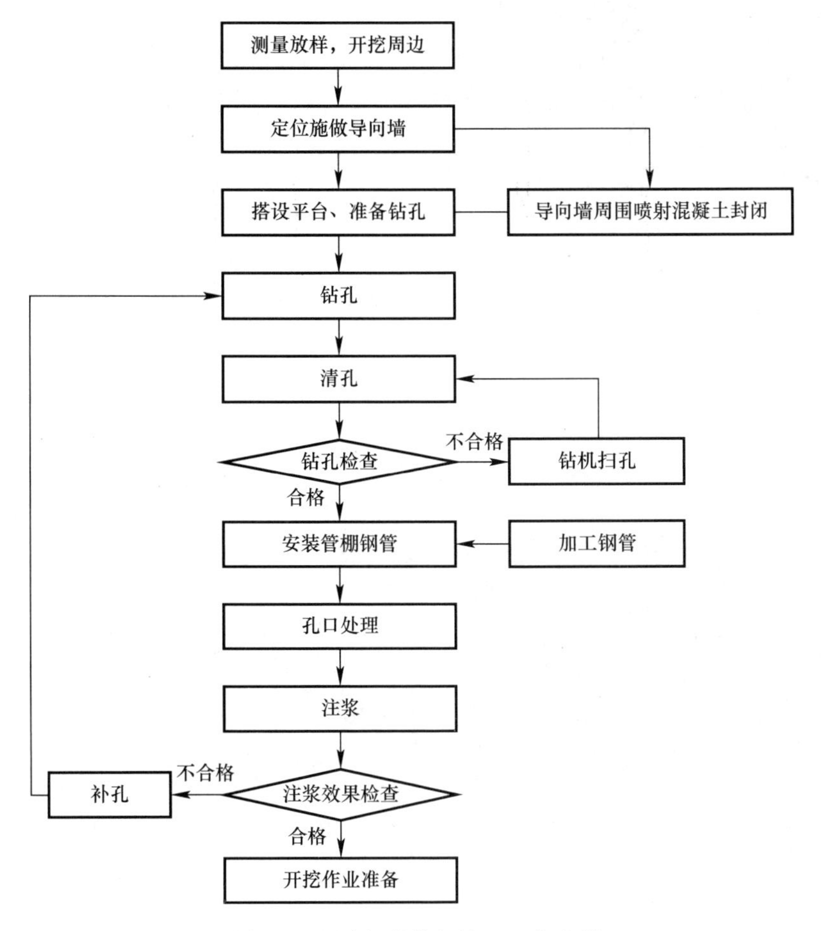

图 4-7 洞内超前管棚施工工艺流程

3.4.2 施工控制要点

（1）工作室及导向墙

1）管棚工作室长度 6～7m、比原设计断面扩大 0.5～0.6m，便于管棚施工机械作业和管棚角度准确。

2）导向墙采用混凝土浇筑，厚度 1～2m，环向浇注至拱脚。导向墙设 2 榀工字钢，钢架外缘设导向钢管，钢管与钢架焊接。

3）采用脚手钢管搭设管棚钻孔作业平台。

4）管棚定位：以套拱内预埋的孔口管定向、定位，严格控制其上抬量和外插角度。

（2）钻孔

1）打试验孔：为保证长管棚施工质量，在拱脚部位，选 2 个孔作为试验孔，找出地层特点，并进行注浆和砂浆充填试验。

2）钻孔及清孔：选用地质钻机或管棚钻机钻进成孔，应尽量选择水钻成孔，保持洞内空气清新。孔径比管棚钢管直径大20～30mm，钻孔顺序由高孔位向低孔位进行。

3）钻机开孔时的钻速宜采用低速，钻进20cm后转入正常钻速。

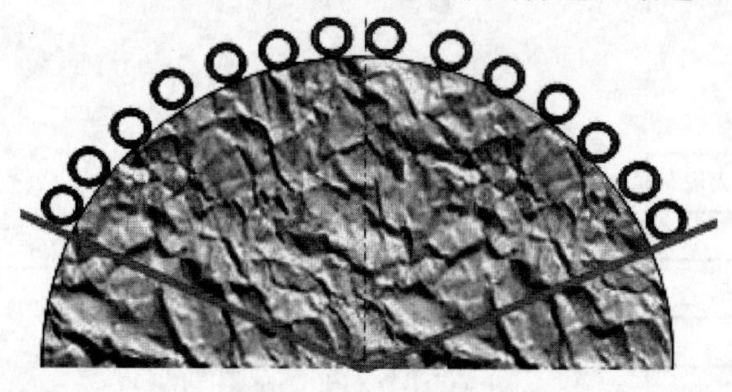

图4-8　管棚打设位置

4）第一节钻杆钻入岩层，尾部剩余20～30cm时停止钻进，人工用两把管钳卡紧钻杆，钻机低速反转，脱开钻杆。钻机沿导轨复位，再装入第二根钻杆。

5）孔深较设计管长长0.5m以上，见图4-8。

（3）管棚加工

1）避免钢管接头在同一断面上，管棚应按照奇、偶数孔错开搭接位置。

2）钢管上按间距15cm梅花形钻10mm的小孔。第一节钢管顶端做成锥型，以便顶进。钢管采用丝扣连接，见图4-9。

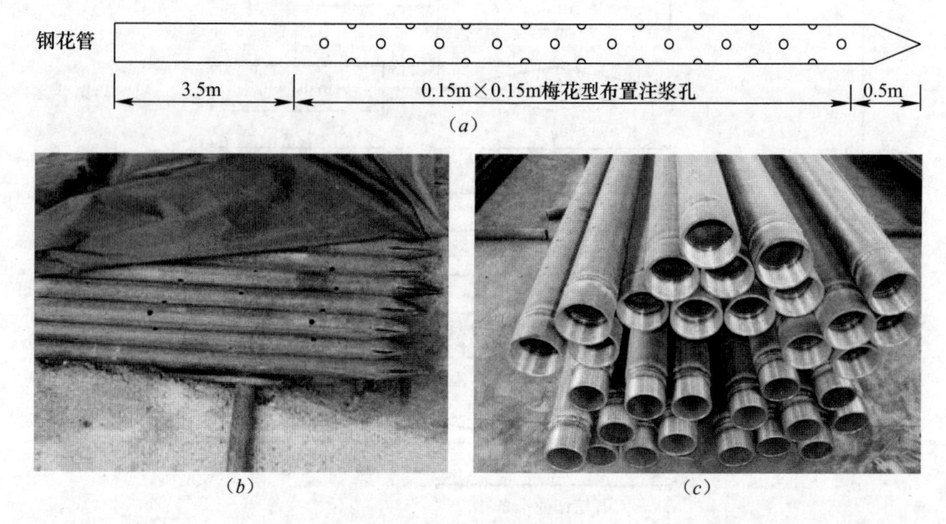

图4-9　管棚加工

（a）钢花管加工示意；（b）钢花管成品；（c）钢花管丝口连接

（4）管棚安装

1）钻孔检查合格后，应每钻完1孔便顶进1钢管，钻进中应经常采用测量仪量测钢管钻进的偏斜度，发现偏斜超过设计要求及时纠正。

2）将钢管连续接长，由钻机旋转顶进将其装入孔内。安装钢管时，先打有孔钢花管，注浆后再打无孔钢管，每钻完一孔便机械顶进一根钢花管。纵向搭接长度应不小于3m。管棚节间用套丝扣连接，丝扣长15cm，要求隧道纵向同一截面处钢管接头数不大于50%。

3）堵孔：为确保注浆质量，在钢花管安装后，管口用麻丝和锚固剂封堵钢管与孔壁间空隙，钢管自身利用孔口安装的封头将密封圈压紧，压浆管口上安装三通接头。

（5）浆液配置

1）水泥浆的搅拌应在高速搅拌机内进行，严格按照施工配合比进行投料。

2）搅拌水泥浆的投料顺序：在放水的同时，将外掺剂在水中按一定比例加入，搅拌溶解，再将需要的水泥倒入，搅拌 2～3min。

3）制备水泥浆或稀释水玻璃时，严禁水泥块或纸片进入浆液，放浆进入储浆桶时要用滤网过滤，以防止堵塞注浆泵。

4）做好配置浆液的施工记录，并且在注浆过程中要做好注浆记录，为分析注浆效果提供依据。

5）配置好的浆液存放在由低速搅拌器的储浆罐内，防止浆液由于存放时间稍长产生沉淀、离析等现象。

（6）注浆作业

1）注浆工艺系统：双液注浆工艺系统如图 4-10 所示。

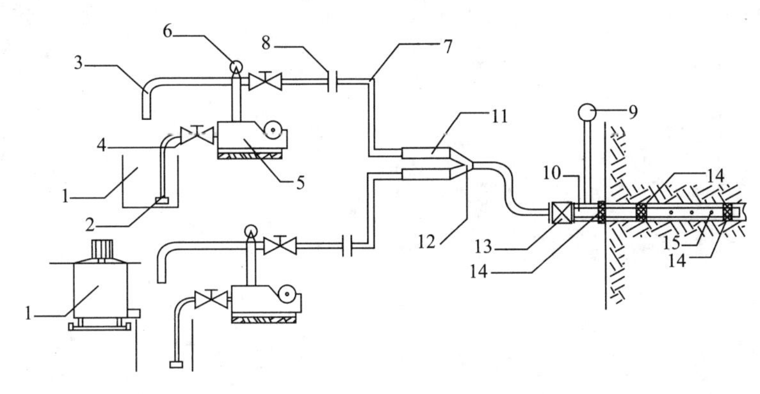

图 4-10　双液注浆工艺系统示意

1—高速搅拌机；2—吸浆管；3—回浆管；4—进浆阀；5—泵；6—压力表；7—输浆管；8—快速接头；9—孔口压力表；10—钢管接头；11—混合器；12—单向阀；13—三通；14—止浆塞；15—注浆孔

2）注浆顺序：管棚注浆顺序原则上遵循着“先两侧后中间”、“跳孔注浆”、“由稀到浓”的原则。注浆施工由两端管棚钢管开始注浆，跳孔进行注浆施工，向隧道拱顶钢管方向推进，开始时注浆的浆液浓度要低一些，逐渐加浓至设计浓度。

3）注浆结束：进浆量小于 20～25L/min；注浆压力逐步升高，达到设计终压后稳定 10min 以上。

4）充填砂浆：注浆后，扫排管内胶凝浆液，用水泥砂浆紧密充填，增强管棚的刚度和强度；对于非压浆孔，直接充填即可。待浆液强度达到 15MPa，在管棚支护的保护下按设计的方法开挖各部，并及时施作初期支护，见图 4-11。

3.4.3　超前管棚施工质量控制要点

（1）长管棚应注意两次循环之间的搭接，大管棚长度不宜小于 3m，两相邻接头不允许出现在同一断面内。

（2）顶进过程应随时注意防止堵孔、坍孔。

（3）注浆前，必要时对开挖面及 5m 范围内的坑道喷射厚 50～100mm 的混凝土封闭作为止浆墙。

（4）注浆过程应随时注意注浆压力的变化，压力达到设计值且注浆量也与设计相符后，即可停止注浆。

(a)　(b)　(c)　(d)　(e)　(f)

图 4-11　洞内管棚施工

(a) 管棚工作室；(b) 导向墙；(c) 钻孔；(d) 管棚安装；(e) 浆液配置；(f) 注浆

(5) 注浆结束后，再钻孔检查注浆效果是否达到设计要求，如未达到应根据实际情况调整注浆参数进行补孔注浆。

(6) 注浆后至开挖前时间的间隔，根据浆液种类控制在 4～8h。在管棚相接处开挖时保留 1.5～2.0m 的止浆墙，以防止注浆时孔口跑浆。

(7) 整个过程中做好记录，内容包括打孔的角度、间距、深度、钢管的长度、注浆压力、注浆数量、起止时间等，作为后续施工调整注浆参数依据。

3.5　超前预注浆

3.5.1　施工工艺

超前预注浆工序流程见图 4-12。

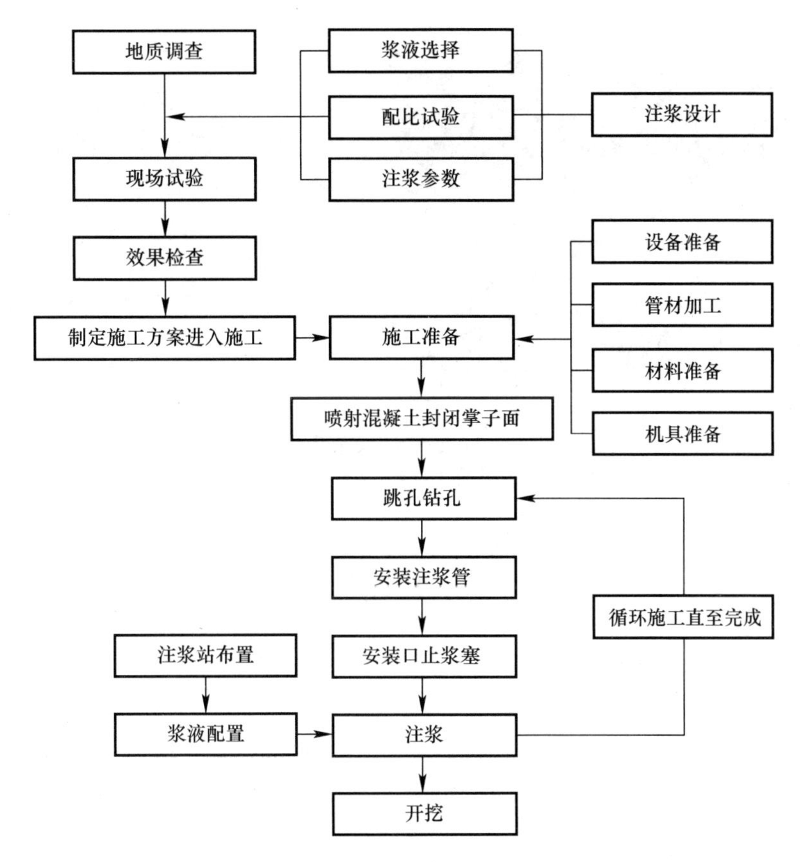

图 4-12　超前预注浆施工工艺流程

3.5.2　施工控制要点

（1）施工准备

1）超前地质预报：应在施工前做较准确的超前地质预报，以明确注浆地段的岩性、涌水量、涌水压力、水温、涌水的化学性质等。

2）注浆试验：现场做单孔或群孔注浆试验，掌握浆液的配合比、凝结时间、注浆量、注浆压力、注浆效果、因注浆引起的周围变化等。

（2）测量布孔

注浆孔可在地表面或开挖面布置。当在开挖面布置时，宜分层布置，在纵向呈伞形辐射状，要求注浆孔孔底间距按各个注浆孔的扩散半径相互重叠的原则确定，见图 4-13。

（3）止浆墙

一个止浆岩盘止浆效果的好坏，将直接关系到帷幕注浆成功与否。当掌子面地质较差，围岩破碎、节理裂隙发育时，注浆钻孔施工前，先将掌子面采用喷混凝土或模筑混凝土封闭形成止浆墙，防止从掌子面串浆。上一循环注浆围岩应预留 6m 左右不开挖，作为下一循环注浆止浆墙。

（4）钻孔

1）当地质情况较差时，注浆孔孔口宜设置孔口管以保证孔口质量，便于下步注浆作业。注浆孔钻孔作业宜根据设计孔深、地质情况、设备能力等因素，将孔深分为几个阶段，采取先大后小、分层钻进的方法进行施工。

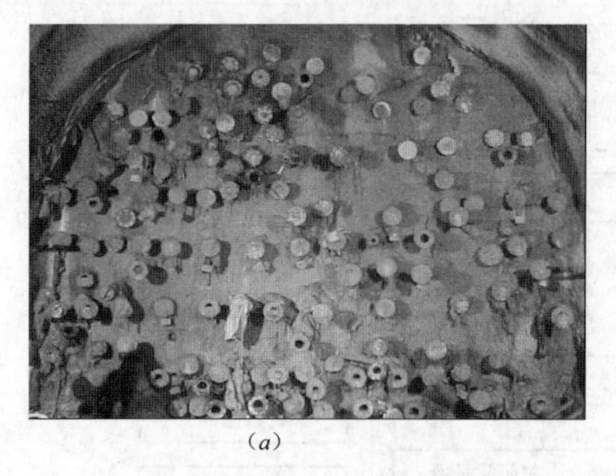

(*a*)

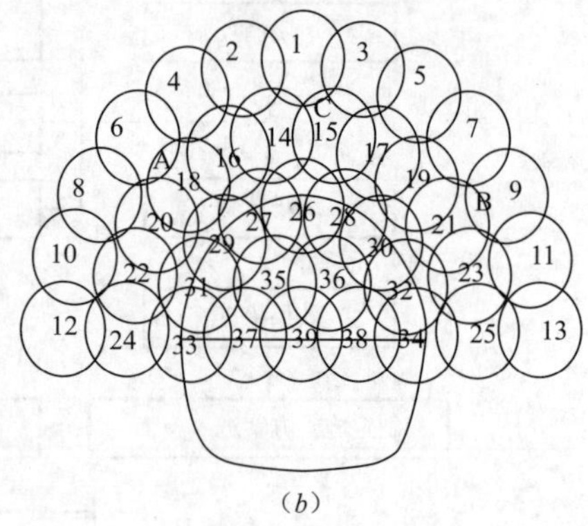

(*b*)

图 4-13　注浆布孔

(*a*) 注浆布孔图；(*b*) 终孔交圈图

2）孔口管尾部应焊卡盘。装管前缠 1～2mm 麻丝，用细铁丝缠紧，孔口采用塑胶泥封堵。8～15m 的浅孔可采用钻孔台车或重型风钻钻孔，当孔深超过 15m 时，应采用地质钻机钻孔。

3）开孔先要轻加压、慢速，以保证开孔质量，孔口的位置与设计位置的允许偏差为 ±5cm；钻深 30～50cm 后转入正常。

4）钻孔过程中应随时用测斜仪测偏斜情况，及时纠正，要求钻孔角度及深度应符合设计要求，孔底位置偏差应小于孔深的 10‰。当遇破碎带出现严重卡钻或孔口不出水时应停止钻孔，进行固壁注浆后再钻。

5）钻孔结束后应掏孔检查，确认无塌孔和探头石；注浆钻孔应作到：孔壁圆、角度准，孔身直，深度够，岩粉清洗干净。

图 4-14　超前预注浆钻孔

6）在涌水量大、压力高的地段钻孔时，应先设置带闸阀的孔口管；当出现大量涌水时，拔出钻具、关闭孔口管上的闸阀，做好准备后进行注浆。孔口管埋入止浆墙深度应根据最大注浆压力而定；孔口管应为无缝钢管，直径不宜小于 90mm，见图 4-14。

（5）注浆作业

1）注浆方式选定：注浆方式一般可分为前进式、后退式及全孔一次式等，可根据涌水量大小、围岩破碎程度、机械设备能力及注浆孔深度选用。

对于粒径小于 0.05mm 以下的粉砂及黏性软弱地层或断层泥地段，可采用周边劈裂预注浆或周边短孔预注浆。

2）注浆顺序安排：先注外圈，后注内圈，同一圈由下而上间隔施作；先注无水孔，后注有水孔。如遇窜浆或跑浆，则可间隔一孔或数孔灌注。

3）注浆压力控制：根据岩性、施工条件等因素在现场试验确定。注浆终压一般为 1.5～4.0MPa。施工时，注浆压力按分级升压法控制。

4）连接注浆管路后，利用注浆泵先压水检查管路、设备状况，再做压水试验。清孔后，按先稀后浓、注浆量先大后小、先压单液水泥浆，再压CS双液浆程序注浆。浆液的浓度、胶凝时间应符合设计要求，不得任意变更；应经常检查泵口及孔口注浆压力的变化，发现问题，应及时处理；采用双液注浆时，应经常测试混合浆液的胶凝时间，发现与设计不符，应立即调整，见图4-15。

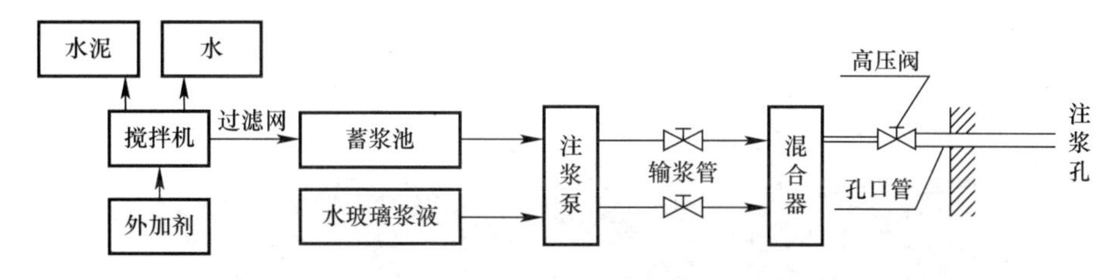

图4-15　注浆管路连接

5）注浆结束的条件

单孔注浆结束标准：

① 注浆压力逐步升高至设计终压，并继续注浆10min以上；

② 注浆结束时进浆量小于5L/min。

6）全断面注浆结束标准：

① 所有的注浆孔均已符合单孔结束条件，无漏注现象；

② 注浆后预测涌水量小于$3m^3/m \cdot d$；

③ 检查孔渗水量小于$0.2L/m \cdot min$；

④ 浆液有效注入范围大于设计值，见图4-16。

（*a*）

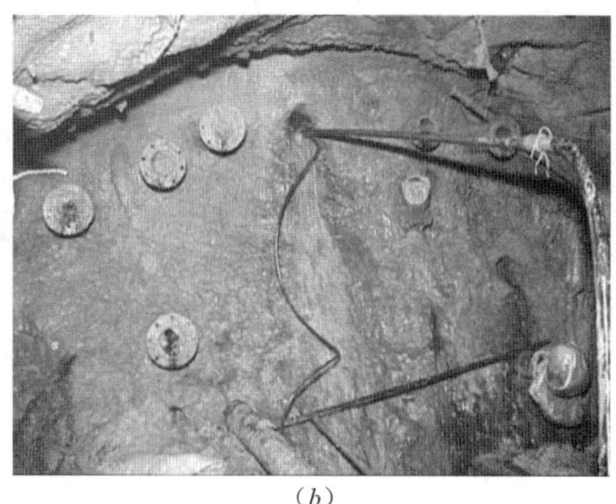

（*b*）

图4-16　超前预注浆

（*a*）超前预注浆；（*b*）超前预注浆

7）注浆效果检查

注浆结束后应及时对注浆效果进行检查，如未达到要求，应进行补孔注浆。检查方法通常有下列三种：分析法、检查孔法、声波检测法，见图4-17。

3.5.3　帷幕注浆质量控制要点

（1）注浆钻孔的方向、深度都要严格按设计要求进行。

（2）需要装设孔口管时，孔口管的装设要牢固、密实。

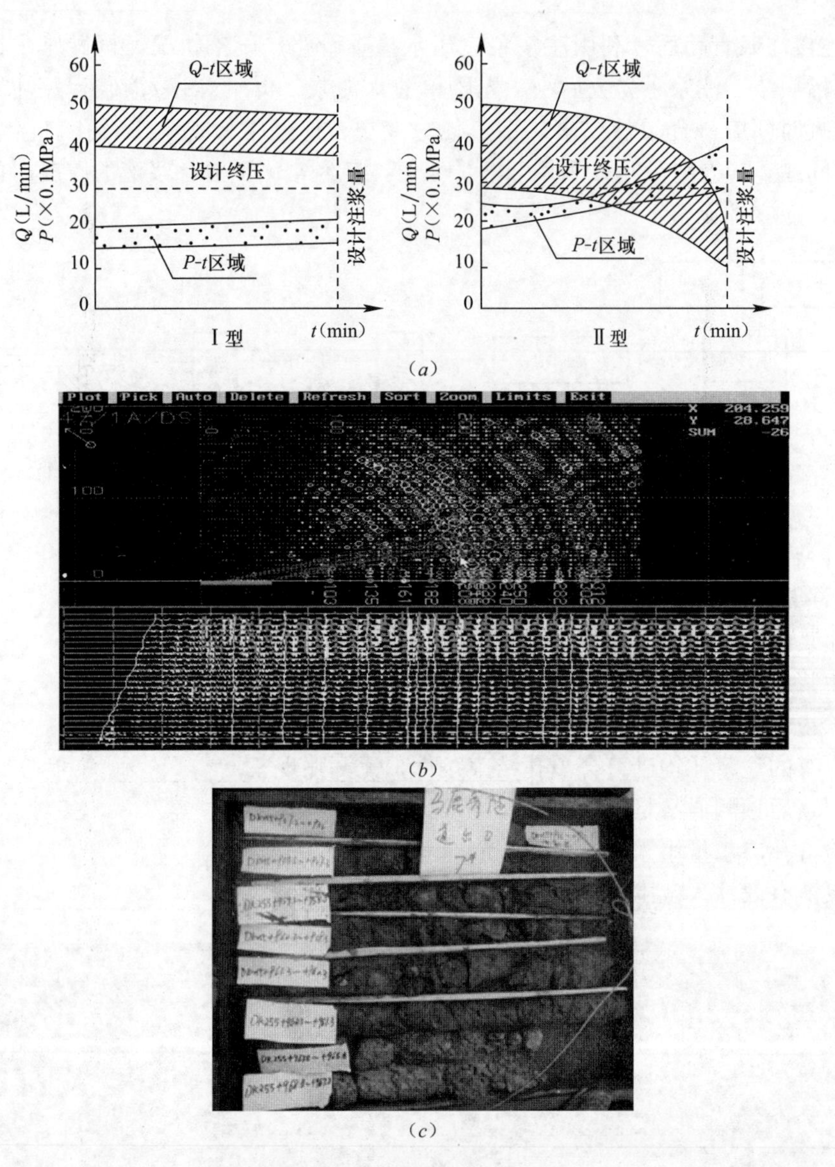

图 4-17 注浆效果检查方法

(a) P-Q-T 曲线检查法；(b) 声波检测法；(c) 检查孔取芯法

(3) 注浆中发生堵管时，先打开孔口泄浆阀，再关闭孔口进浆阀，然后停机，查找原因，迅速进行处理。

(4) 施工过程中要做好施工日志及各种检查测量记录。

(5) 为保证注浆质量，处理注浆过程中的突发事件，注浆作业人员应进行专业培训，未参加培训人员不得上岗作业。关键工序应专人操作，不得任意调换。并建立专业注浆队伍，严格注浆施工纪律。

(6) 注浆是一门现场发挥的技术，施工过程中应根据注浆情况调整配合比，注浆后及时整理资料，组织人员研讨施工工艺，不断提高注浆效率。

(7) 严格按照技术交底作业，按照注浆工艺流程施工，做好施工记录，孔口管与管壁之间封闭密实，防止孔口处跑浆，确保注浆质量。

（8）注浆开始时宜采用小流量以免堵塞浆液渗透通道。注浆结束必须达到设计标准。

（9）注浆结束后，应综合分析钻孔注浆记录，并打检查孔检查注浆效果，如不能满足要求，则要补注。

4 质量检验标准

4.1 超前锚杆

4.1.1 基本要求

（1）锚杆材质、规格等应符合设计和规范要求。

（2）超前锚杆与隧道轴线外插角宜为5°～10°，长度应大于循环进尺，宜为3～5m。

（3）超前锚杆与钢架支撑配合使用时，应从钢架腹部穿过，尾端与钢架焊接。

（4）锚杆插入孔内的长度不得短于设计长度的95%。

（5）锚杆搭接长度应不小于1m。

4.1.2 实测项目

见表4-1。

超前锚杆实测项目 **表4-1**

项次	检查项目	规定值或允许偏差	检查方法和频率
1	长度（m）	不小于设计	尺量：检查锚杆数的10%
2	孔位（mm）	±50	尺量：检查锚杆数的10%
3	钻孔深度（mm）	±50	尺量：检查锚杆数的10%
4	孔径（mm）	符合设计要求	尺量：检查锚杆数的10%

4.1.3 外观鉴定

锚杆沿开挖轮廓线周边均匀布置，尾端与钢架焊接牢固，锚杆入孔长度符合要求。

4.2 超前钢管

4.2.1 基本要求

（1）钢管的型号、质量和规格等应符合设计和规范要求。

（2）超前钢管与钢架支撑配合使用时，应从钢架腹部穿过，尾端与钢架焊接。

（3）钢管插入孔内的长度不得短于设计长度的95%。

4.2.2 实测项目

见表4 2。

超前钢管实测项目 **表4-2**

项次	检查项目	规定值或允许偏差	检查方法和频率
1	长度（m）	不小于设计	尺量：检查10%
2	孔位（mm）	±50	尺量：检查10%
3	钻孔深度（mm）	±50	尺量：检查10%
4	孔径（mm）	符合设计要求	尺量：检查10%

4.2.3 外观鉴定

锚杆沿开挖轮廓线周边均匀布置，尾端与钢架焊接牢固，锚杆入孔长度符合要求。

第五章　洞身开挖施工工艺标准

1　工艺概述

洞身开挖应根据隧道长度、断面大小、结构形式、工期要求、机械设备、地质条件等，选择适宜的开挖方法。为了最大限度地利用围岩自承能力，必须采用有利于减少超挖、减少围岩扰动的开挖方法进行洞身开挖。

主要开挖方法有全段面法、上下台阶法、三台阶法、环形开挖留核心土法、中隔壁（CD）法、交叉中隔壁法及双侧壁导坑法等。

2　工序流程

隧道钻爆法施工工序流程见图5-1。

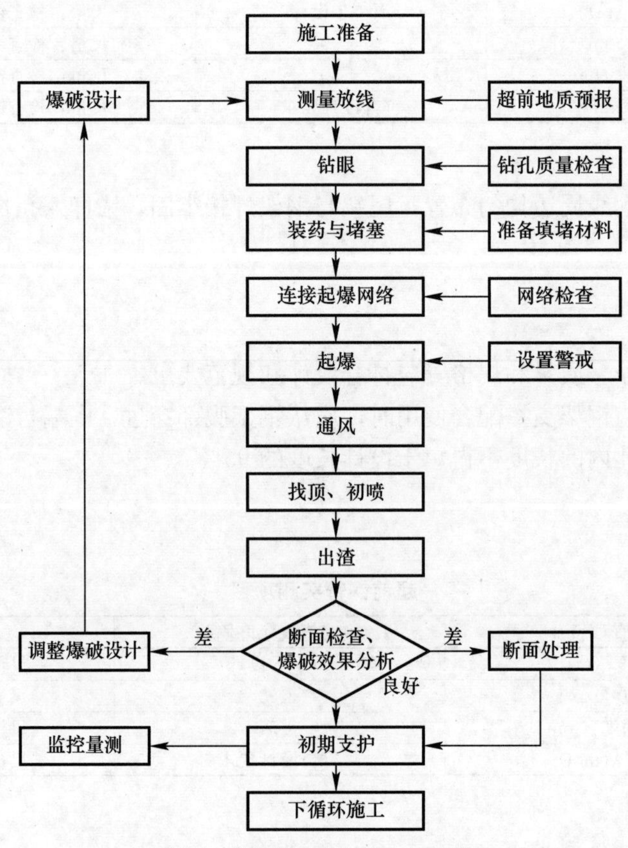

图5-1　钻爆法开挖施工工艺流程

3　施工工艺及控制要点

3.1　施工准备

（1）核对图纸中的曲线要素及逐桩坐标，中线、水平基点布设合理，轴线放样和标高测量满足施工要求。

（2）应配备激光断面仪，以在成洞后和二衬前及时做好断面尺寸量测。

（3）洞身开挖施工前，根据施工设计图，认真核对隧道设计的勘测资料，如地形、地貌、工程地质、水文地质、钻探图表等。

（4）对开挖的洞身围岩进行地质超前预报，探测前方围岩的性质，地质状况和不良地质状况，宏观掌握隧道段落围岩状况；同时采用地质钻机对隧道围岩进行直观探测，结合围岩、支护的变形监测，对围岩状况进行分析，其结果与施工图、施工组织设计进行比较，及时修正开挖、支护参数。

（5）开工前要根据施工图和围岩的实际情况，进行科学合理的钻爆设计，编制隧道安全专项施工方案并经审批后方可施工。

（6）爆破开挖需要编制爆破方案，按程序组织专家论证及报批手续。

3.2　全断面法

3.2.1　施工工艺

全断面开挖法适用于Ⅰ～Ⅲ级围岩隧道，小断面隧道Ⅳ级围岩也可采用，施工工艺流程见图 5-2。

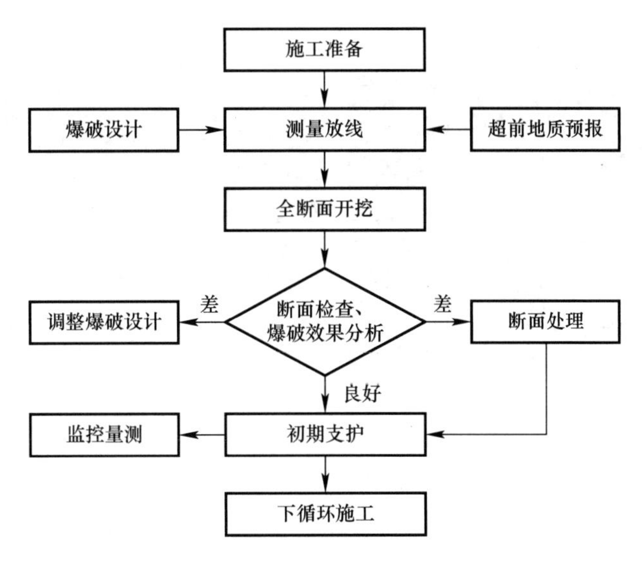

图 5-2　全断面开挖法施工工艺流程

3.2.2　施工控制要点

（1）开挖应采用光面爆破，循环进尺宜控制在 3～4m，见图 5-3、图 5-4。

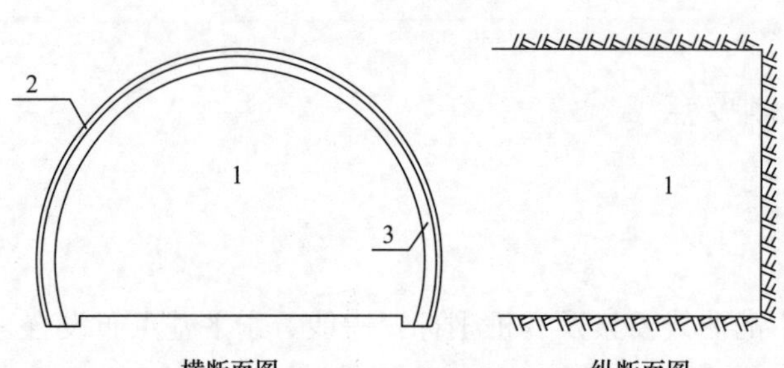

图 5-3　全断面开挖工序断面示意

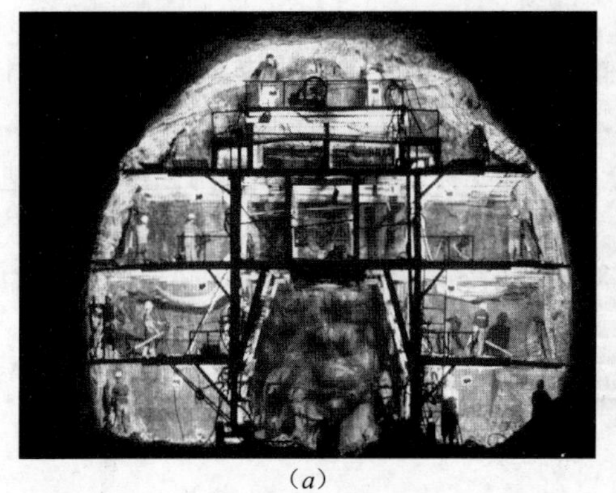

(*a*)　　(*b*)

图 5-4　全断面开挖
(*a*) 全断面开挖钻眼；(*b*) 全断面开挖效果

(2) 出渣设备要根据断面选择合适的机械配套作业，加快施工进度，保证设备性能优良，减少尾气排放，见图 5-5。

(*a*)　　(*b*)

图 5-5　隧道无轨运输出渣
(*a*) 隧道装渣；(*b*) 隧道运渣

3.3 台阶法

3.3.1 施工工艺

台阶法适用于Ⅲ～Ⅳ级围岩隧道，小断面隧道Ⅴ级围岩也可采用，台阶法施工工序流程见图 5-6。

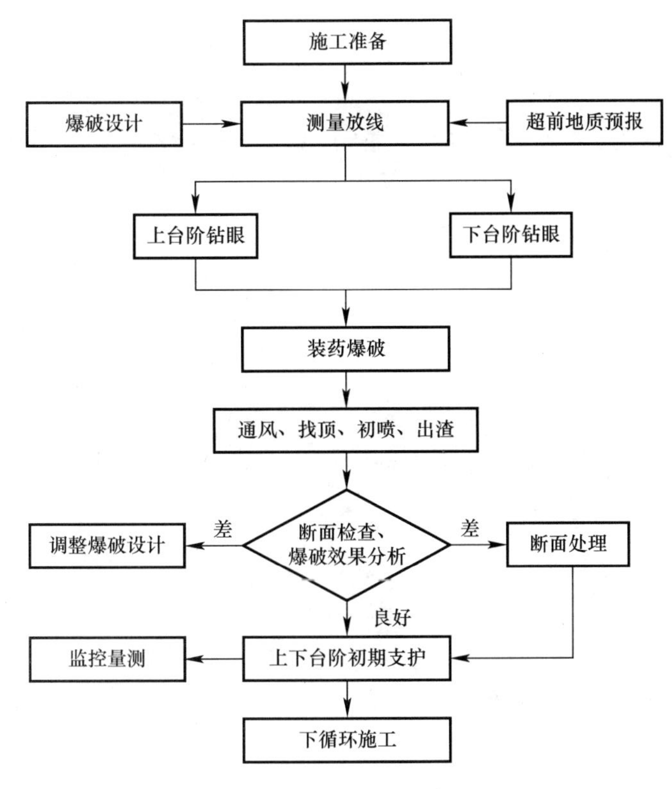

图 5-6　台阶法施工工序流程

3.3.2　施工控制要点

（1）上台阶开挖每循环进尺宜控制在两榀钢拱架距离或 2.4m 以内，见图 5-7。

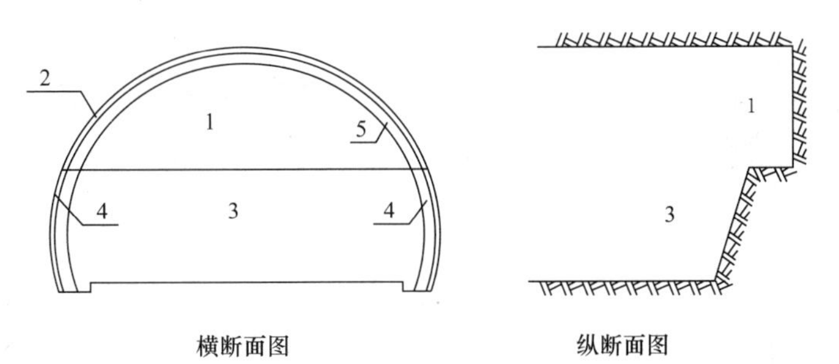

图 5-7　上、下台阶法施工工序示意

（2）采用爆破法开挖时，应采用光面爆破。

（3）尽量减少上台阶开挖面积，上台阶高度应控制在 3.5～4.2m，台阶长度不宜大于隧道开挖宽度的 1.5 倍。为及早使初期支护封闭成环，也可控制台阶距离为 3～5m，上下台阶同时钻眼爆破，以起到加快施工进度，减少设备配置量的目的，见图 5-8。

（4）下台阶开挖时，宜采用先挖侧槽、左右错开向前推进的方法，侧槽一次开挖长度不宜过长，靠近边墙范围应采用风钻、风镐手工开挖，人工清壁扒渣，避免扰动上台阶初期支护。

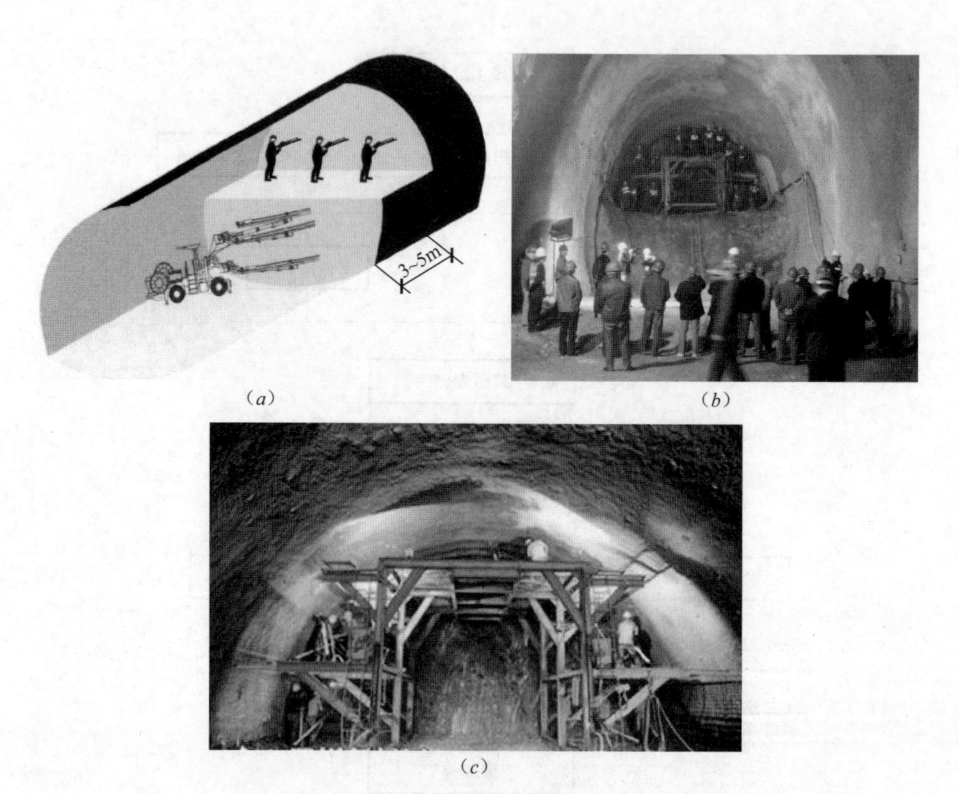

(*a*)　　(*b*)

(*c*)

图 5-8　上、下台阶法施工

(*a*) 微台阶效果图；(*b*) 微台阶法；(*c*) 短台阶法

(5) 下台阶在上台阶喷射混凝土达到设计强度的 70%以上时开挖，当岩体不稳定时，应合理缩短进尺，先施工边墙初期支护，后开挖中间土体。两侧每循环开挖控制在钢架"接腿"两榀内，初期支护要紧跟下台阶及时封闭，见图 5-9。

(*a*)　　(*b*)

图 5-9　下台阶开挖

(*a*) 下台阶开挖；(*b*) 台阶支护

(6) 初期支护监控量测数据异常时，宜采用增加锁脚锚杆（管）、扩大拱脚、增设临时仰拱等措施。

(7) 采用三台阶法施工时，上台阶高度宜为 2.0～2.5m，中间台阶高度宜为 3.0～3.5m，上、中台阶长度宜为 3～5m，见图 5-10。

(a)　　(b)

图 5-10　三台阶法开挖

(a) 三台阶开挖；(b) 三台阶开挖

(8) 根据开挖断面大小和开挖方法选择挖掘机或装载机配合自卸式汽车出渣，见图 5-11。

(a)　　(b)

图 5-11　台阶法出渣

(a) 台阶法开挖；(b) 台阶法出渣

3.4　环形开挖预留核心土法

3.4.1　施工工艺

环形开挖留核心土法适用于Ⅳ～Ⅴ级围岩隧道，主要在土体隧道中应用比较多，环形开挖预留核心土施工工艺流程见图 5-12。

3.4.2　施工控制要点

(1) 当隧道高度较小时采用两台阶环形开挖，每循环长度宜为 1～2 榀拱架间距，上部弧形导坑、中部核心土、下台阶各错开 3～5m，进行平行作业，见图 5-13。

(2) 尽量减少上部开挖高度，机械作业时控制在 4.5m 以内，人工作业时控制在控制在 3m 以内。中部核心土离隧道顶部满足施工作业要求即可，一般要求控制在 2.5m 以内。预留核心土面积大小根据围岩地质情况确定，便于施工和满足开挖面的稳定且不应小于整个断面的 50%，且核心土应留坡度并不得出现反坡。

(3) 上台阶支护完成后，且喷射混凝土达到设计强度 70%以上时，将上一循环的核心土与下台阶一起开挖，见图 5-14。

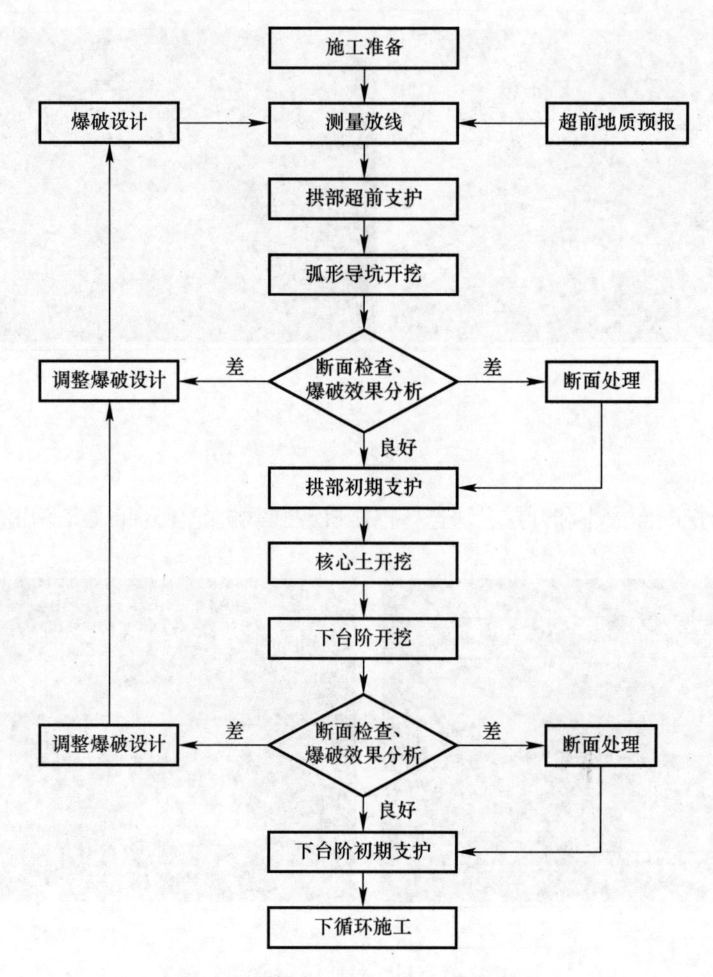

图 5-12　环形导坑法施工工序流程

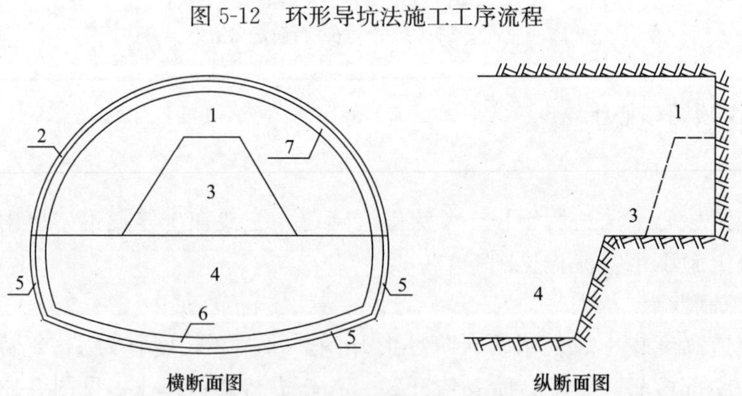

施工顺序：1 弧形导坑开挖；2 拱部初期支护；3 核心土开挖；4 下台阶开挖；
5 下台阶初期支护；6 仰拱浇筑；7 全断面二次衬砌。

图 5-13　两台阶环形导坑法施工工序示意

（4）当隧道断面较大，高度较高，应采用三台阶七步法进行施工，上台阶高度宜为 2.5～3.0m，中间台阶高度宜为 3.0～3.5m，台阶长度宜为 3～5m，见图 5-15。

（5）隧道开挖根据隧道断面大小采用合适的挖掘机配合人工进行开挖，靠近轮廓线部分应采用人工开挖，避免超挖和扰动围岩，见图 5-16。

（*a*）

（*b*）

图 5-14　两台阶环形导坑法

（*a*）两台阶开挖示意图；（*b*）两台阶开挖施工图

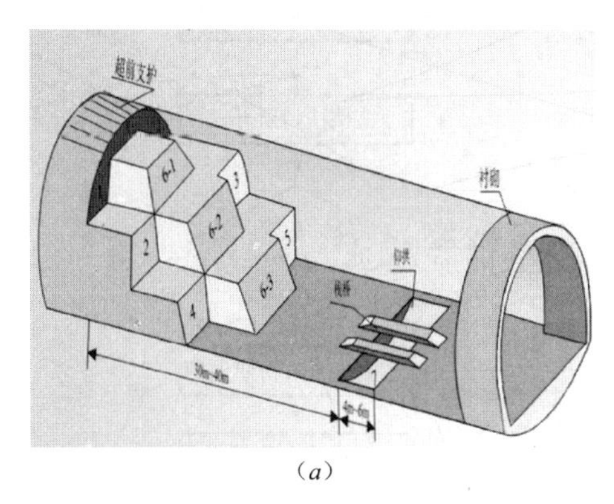

（*a*）

（*b*）

图 5-15　三台阶七步法

（*a*）三台阶七步法开挖示意图；（*b*）三台阶七步法开挖施工图

（*a*）

（*b*）

图 5-16　环形导坑开挖方式

（*a*）机械开挖；（*b*）人工开挖

3.5　中隔壁（CD）法

3.5.1　施工工艺

中隔壁（CD）法或交叉中隔壁（CRD）法适用于围岩较差、大断面隧道进出口段、浅埋隧道的Ⅴ级围岩等软弱围岩段。CD法施工工序流程见图 5-17。

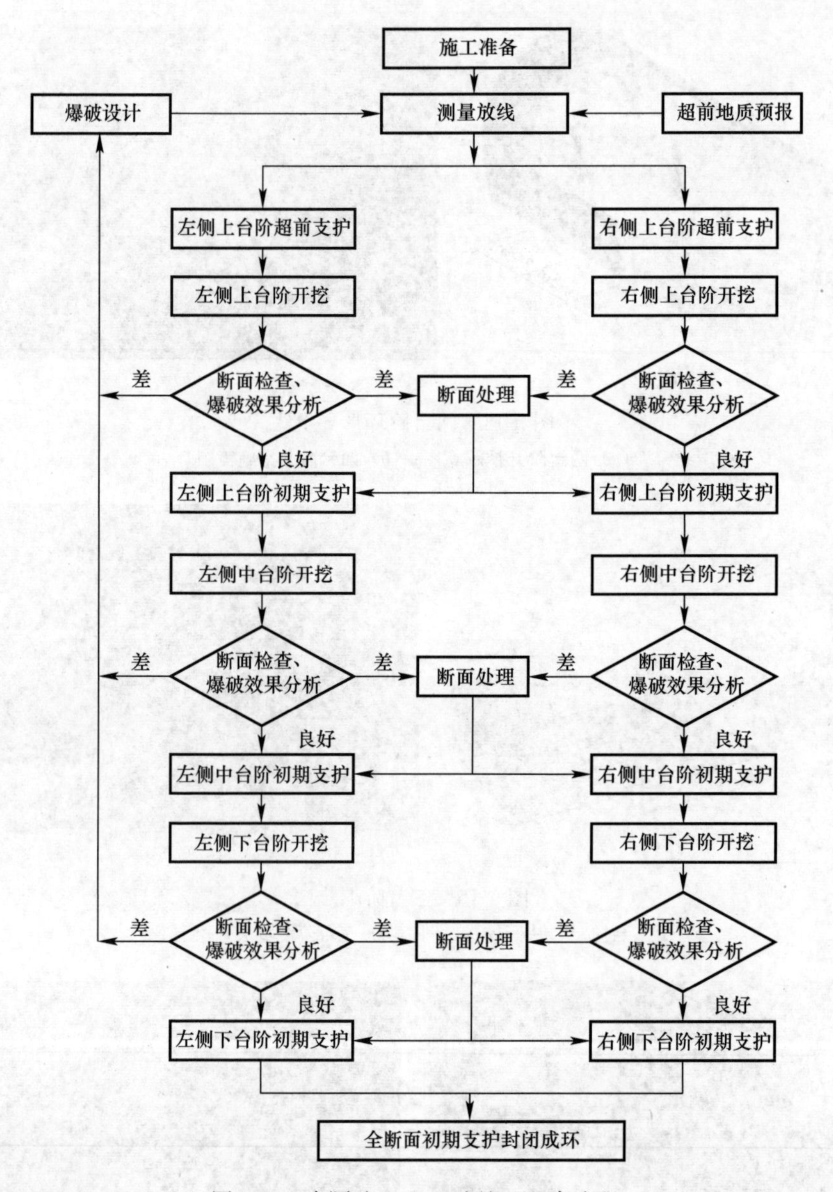

图 5-17　中隔壁（CD）法施工工序流程

3.5.2　施工控制要点

（1）每循环进尺不得超过设计 1 榀拱架的距离，开挖完成后应及时施作初期支护和中隔壁临时支护。

（2）左、右部上中台阶高度不大于 3.5m，各台阶长度 3～5m，左右两侧纵向距离小于 1～2 倍隧道洞径，且不大于 15m。周边轮廓应尽量圆顺，减小应力集中。当开挖形成全断面时，应及时完成全断面初期支护闭合，见图 5-18。

（3）后开挖导坑施工时要注意保护已施做的临时支护，靠近支护侧应采用人工开挖，见图 5-19。

（4）根据监控量测信息，初期支护稳定后拆除中隔壁临时支护，中隔壁的拆除应滞后于仰拱，一次拆除长度不超过 15m，并加强监控量测，拆除后应立即施作二次衬砌。

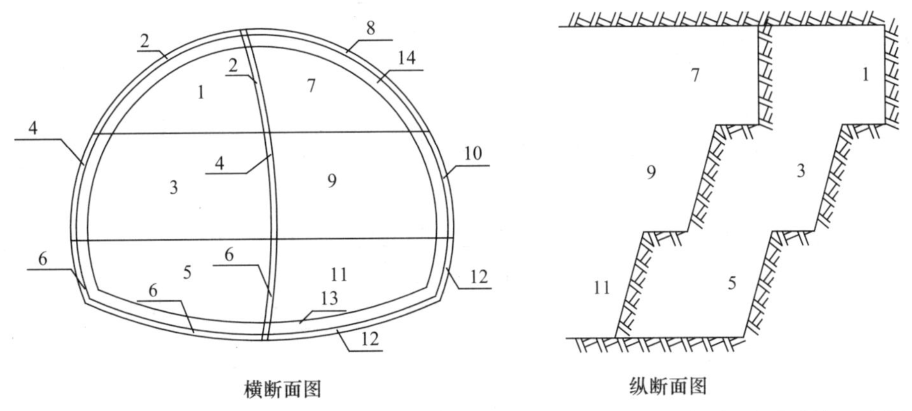

施工顺序：1 左侧上台阶开挖；2 左侧上台阶初期支护；3 左侧中台阶开挖；4 左侧中台阶初期支护；5 左侧下台阶开挖；6 左侧下台阶初期支护；7 右侧上台阶开挖；8 右侧上台阶初期支护；9 右侧中台阶开挖；10 右侧中台阶初期支护；11 右侧下台阶开挖；12 右侧下台阶初期支护；13 仰拱浇筑；14 全断面二次衬砌。

图 5-18　中隔壁（CD）法施工工艺横断面及纵断面示意

图 5-19　CD 法开挖

（*a*）CD 法开挖示意图；（*b*）CD 法开挖施工图

（5）应配备适合导坑开挖的小型机械设备、机具配合人工开挖，提高导坑开挖效率。避免使用爆破开挖，如必须使用时应采用弱爆破，见图 5-20。

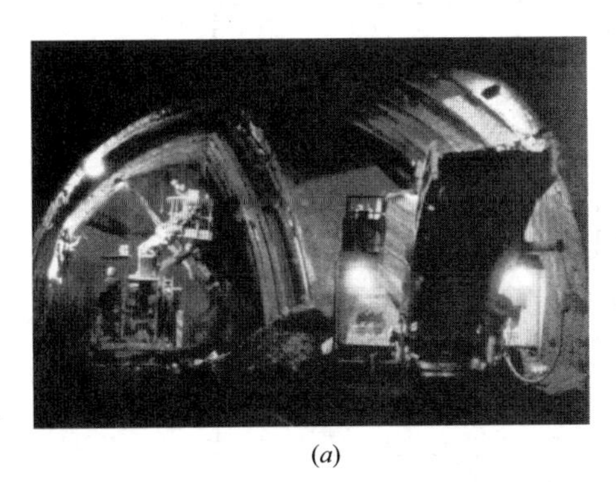

(*a*)　(*b*)

图 5-20　CD 法开挖机械

（*a*）CD 法机械开挖；（*b*）CD 法机械开挖

3.6 交叉中隔壁（CRD）法

3.6.1 施工工艺

交叉中隔壁（CRD）法施工工艺流程见图 5-21。

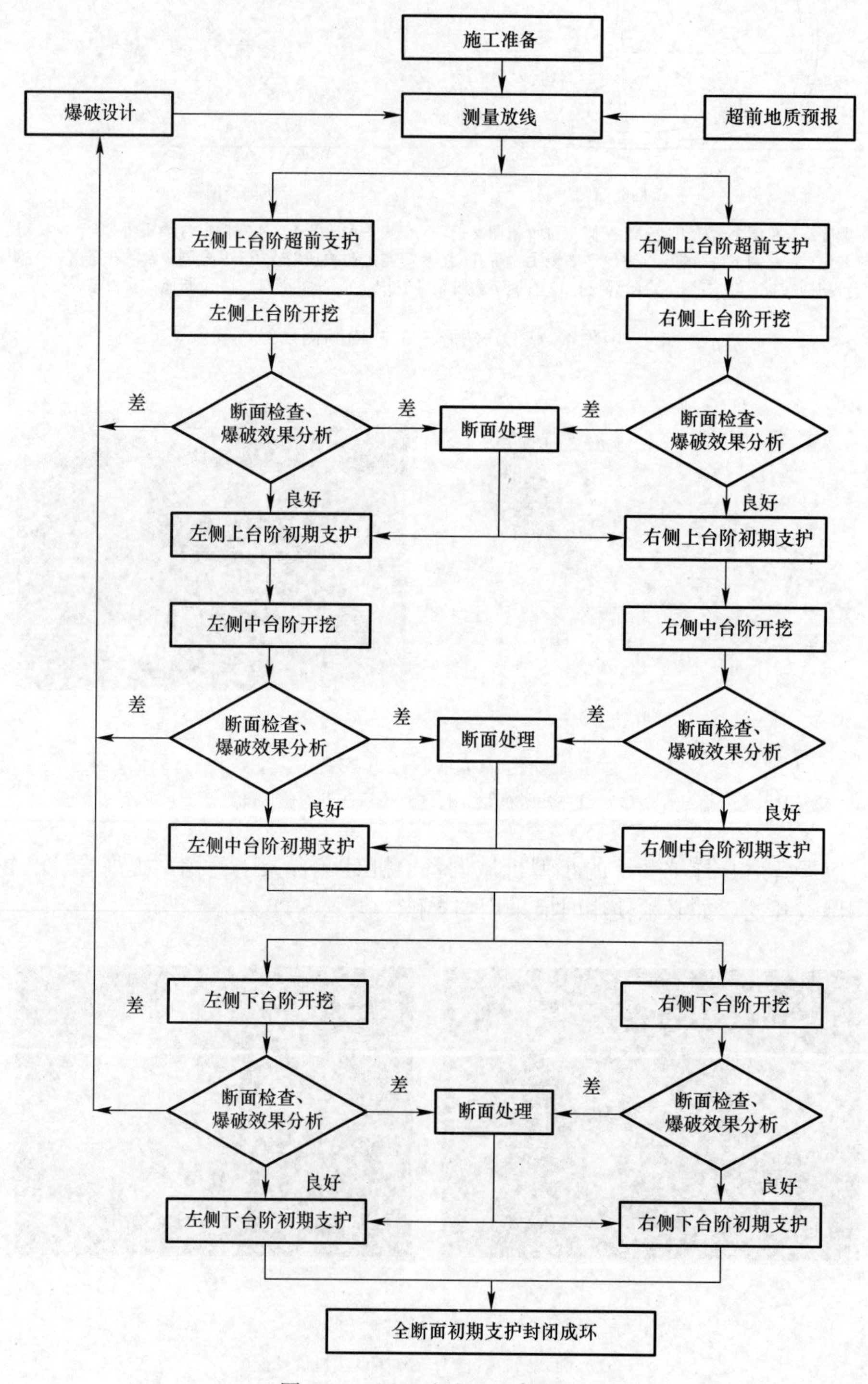

图 5-21 CRD 法施工工序流程

3.6.2 施工控制要点

（1）上台阶开挖循环进尺控制在1榀拱架距离，中下台阶控制在1～2榀拱架距离。

（2）上、中台阶高度控制在2.5m，台阶长度为3～5m，左右两侧纵向距离宜小于1倍隧道洞径。周边轮廓应尽量圆顺，减小应力集中。当开挖形成全断面时，应及时完成全断面初期支护闭合，见图5-22。

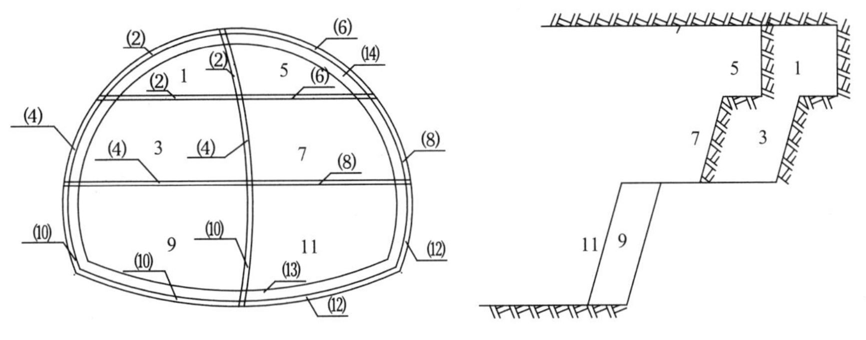

横断面图　　纵断面图

施工顺序：1左侧上台阶开挖；（2）左侧上台阶初期支护；3左侧中台阶开挖；（4）左侧中台阶初期支护；5右侧上台阶开挖；（6）右侧上台阶初期支护；7右侧中台阶开挖；（8）右侧中台阶初期支护；9左侧下台阶开挖；（10）左侧下台阶初期支护；11右侧下台阶开挖；（12）右侧下台阶初期支护；（13）仰拱浇筑；（14）全断面二次衬砌。

图5-22　交叉中隔壁（CRD）法施工工序示意

（3）中隔壁临时支护的拆除参照CD法相关要求。

（4）采用CRD法施工宜设置临时仰拱，步步成环，开挖自上而下，交叉进行，见图5-23。

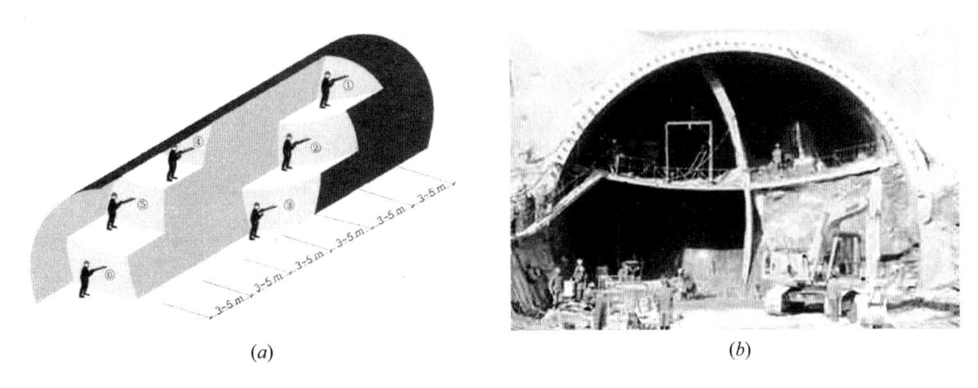

(*a*)　(*b*)

图5-23　CRD法开挖

（*a*）CRD法开挖示意图；（*b*）CRD法开挖施工图

3.7 双侧壁导坑法

3.7.1 施工工艺

双侧壁导坑法适用于围岩较差、浅埋、大跨度隧道的Ⅳ～Ⅴ级围岩。双侧壁导坑法施工工艺流程见图5-24。

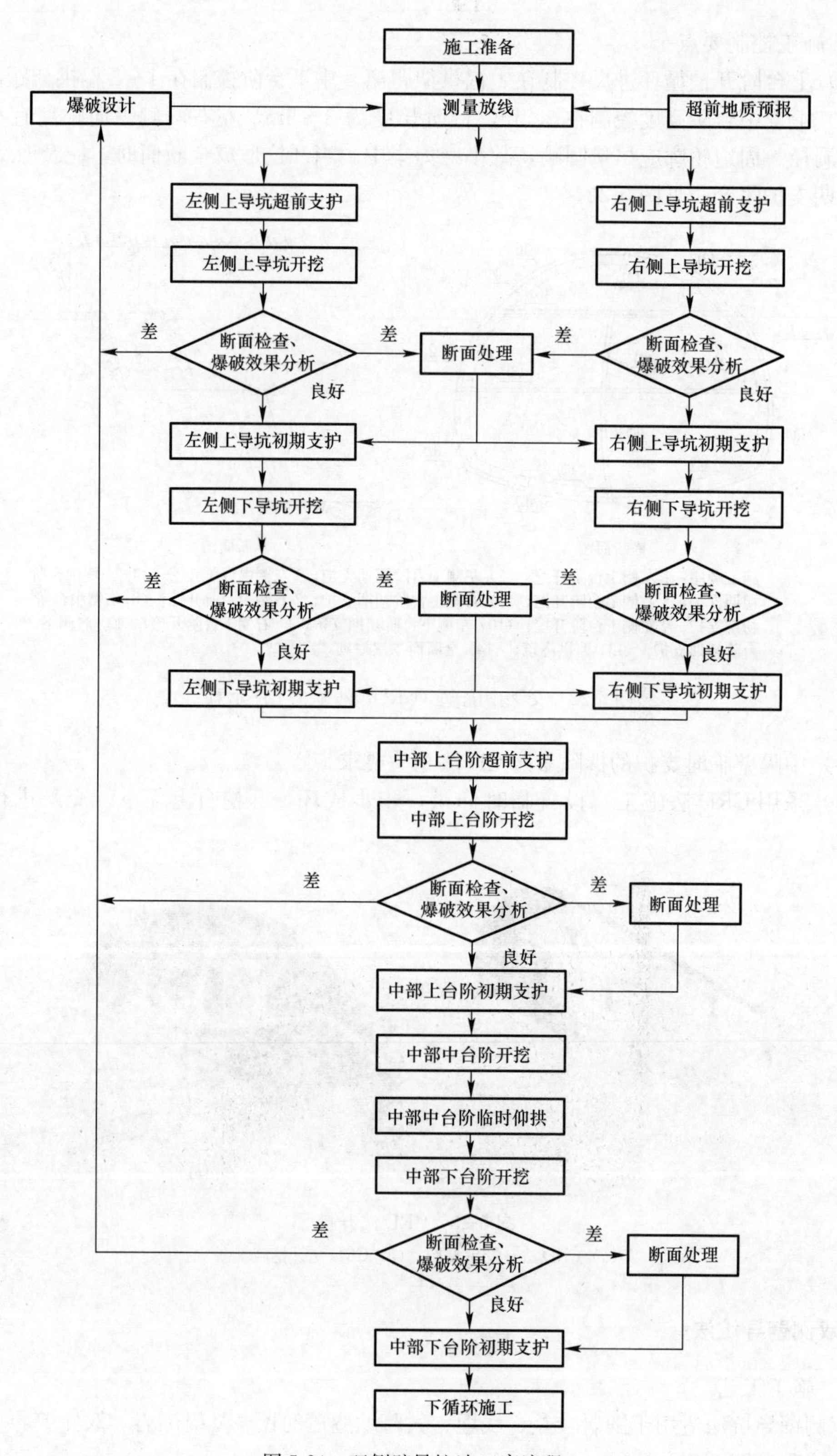

图 5-24　双侧壁导坑法工序流程

3.7.2　施工控制要点

（1）两侧壁导坑和中部上台阶每循环进尺控制在 1 榀拱架距离（0.5～0.75m），下台阶可控制在两榀拱架距离内（1～1.5m）。

（2）侧壁导坑形状应近于椭圆形断面，导坑断面宜为整个断面的 1/3，导坑跨度不应大于 0.3 倍隧道宽度；左右导坑施工时，前后错开距离为 10～15m，中间土体滞后侧壁 10～15m；左右部的台阶开挖高度不应超过 3.5m，台阶长度控制在 2～3m，周边轮廓应尽量圆顺，减小应力集中，见图 5-25。

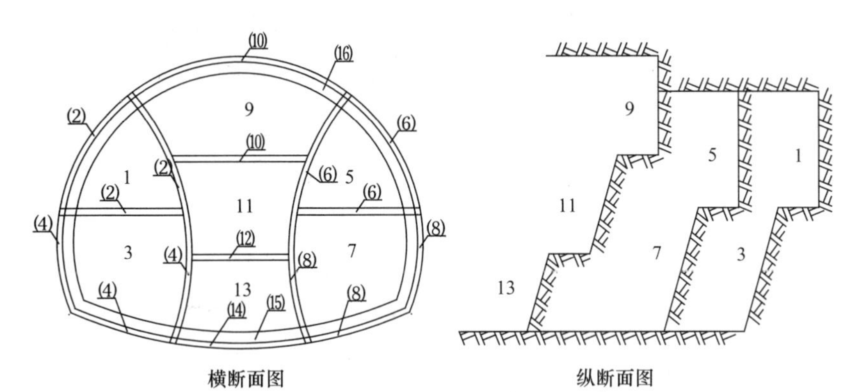

施工顺序：1 左侧上导坑开挖；（2）左侧上导坑初期支护；3 左侧下导坑开挖；（4）左侧下导坑初期支护；5 右侧上导坑开挖；（6）右侧上导坑初期支护；7 右侧下导坑开挖；（8）右侧下导坑初期支护；9 中部上台阶开挖；（10）中部上台阶初期支护；11 中部中台阶开挖；（12）中部中台阶临时仰拱；13 中部下台阶开挖；（14）中部下台阶初期支护；（15）仰拱浇筑；（16）全断面二次衬砌。

图 5-25　双侧壁导坑法施工工序示意

（3）双侧壁导坑临时支护的拆除参照 CD 法相关要求，见图 5-26。

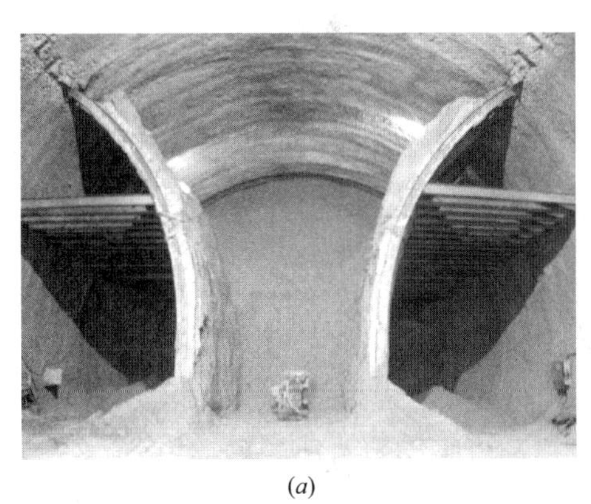

(*a*)

(*b*)

图 5-26　双侧壁导坑法开挖

（*a*）双侧壁导坑法开挖；（*b*）双侧壁导坑法开挖

3.8　光面爆破

3.8.1　施工工艺

光面爆破施工工艺流程见图 5-27。

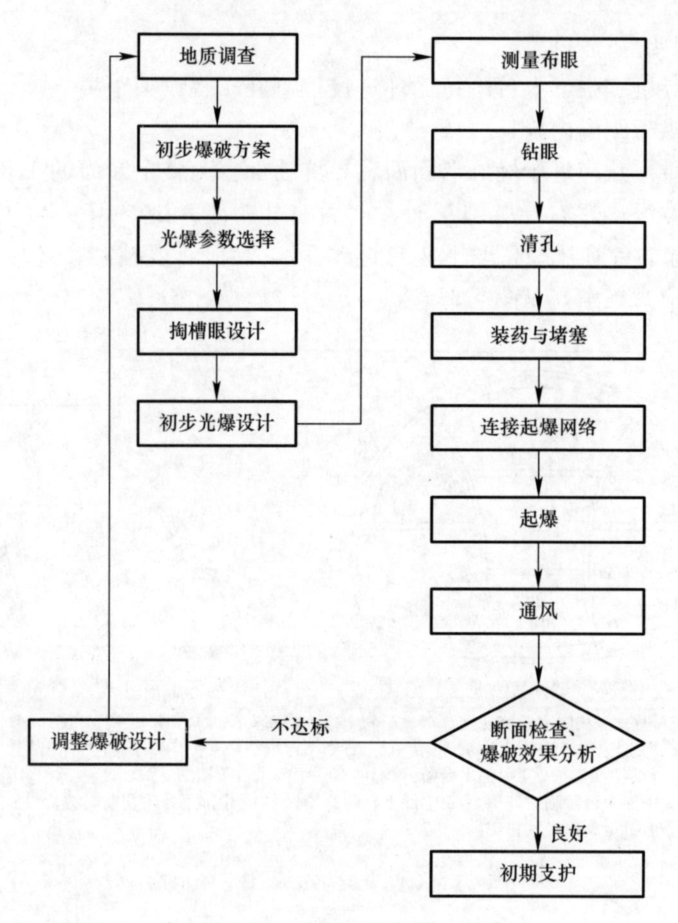

图 5-27　光面爆破工艺流程

3.8.2　爆破设计

（1）爆破设计原则

隧道开挖前，应根据隧道断面尺寸、地质条件、开挖方法、施工进度、钻眼设备、爆破器材、周边环境等进行爆破设计。

（2）钻眼设备选择原则

炮眼深度小于 4m 时宜采用手持风钻配作业台架，炮眼深度大于 4m 时宜采用液压凿岩台车。

（3）掏槽眼形式的选择原则

1）面积为 $20m^2$ 以下的小断面宜采用斜眼掏槽和直眼掏槽两种形式。

2）面积为 20～$60m^2$ 的中断面宜采用人工持风钻进行单级或复式楔形掏槽和凿岩台车进行大直径中空直眼掏槽。

3）面积为 $60m^2$ 以上的大断面宜采用人工持风钻进行大楔形掏槽和凿岩台车进行大直径中空直眼掏槽，见图 5-28。

（4）炮眼布置原则

1）先布置掏槽眼，其次是周边眼，最后是辅助眼。掏槽眼一般应布置在断面中央偏下部位，掏槽眼和底板眼深度应比其他眼加深 20～30cm。

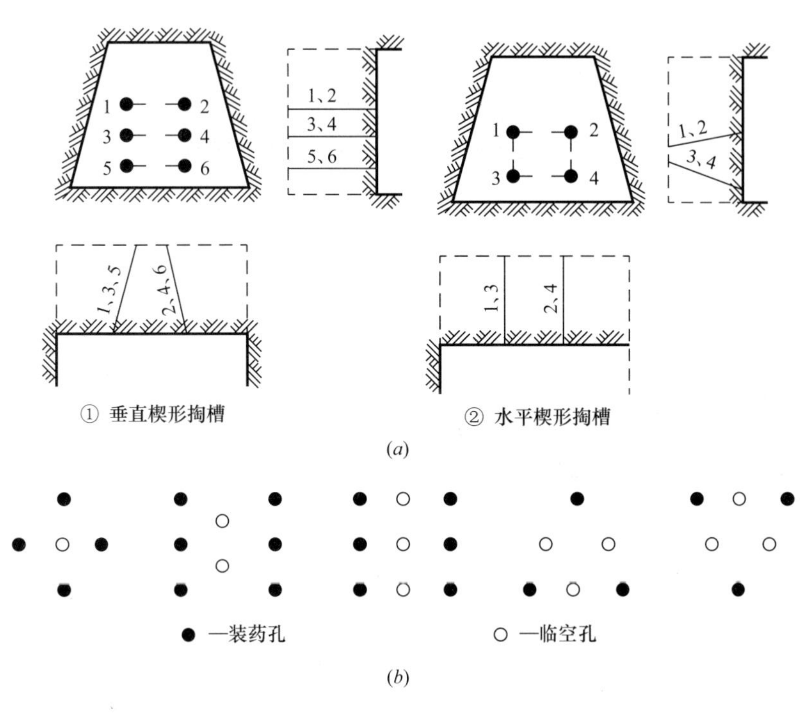

图 5-28 掏槽眼形式

(a) 斜眼掏槽；(b) 直眼掏槽

2）周边眼沿隧道轮廓布置，应采取等距离布眼，断面拐角拐弯处应布眼，周边眼外插角斜率宜为 0.03～0.05，前后两排炮眼的衔接台阶为 10～15cm，深孔爆破时其台阶为 25～35cm。

3）辅助炮眼应交错均匀地布置在周边眼与掏槽眼之间，当炮眼深度超过 2.5m 时，靠近周边眼的内圈眼应与周边眼有相同的外插角度。

4）当岩层层理明显时，炮眼方向应尽量垂直于层理面。

（5）起爆网络

1）起爆顺序应为先掏槽眼，后辅助眼，最后是周边眼、底板眼。

2）起爆延期时间间隔宜为 50～100ms。

3）掏槽眼宜逐一起爆，以掏出更好地槽腔，形成新的临空面。

4）为了减小爆破震动，同段雷管起爆的总药量应控制在允许范围内。

（6）装药结构

周边眼应采用间隔装药，其他炮眼采用连续装药，见图 5-29。

（7）堵塞炮泥

炮眼堵塞材料宜采用砂子和黏土的混合物，堵塞长度视炮眼直径和孔深而定，当炮眼直径为 32mm 和 45mm 时，堵塞长度不能小于 20cm 和 45cm。深孔爆破堵塞长度应在 45cm 以上。见图 5-30。

（8）爆破参数

1）爆破参数应按经验法和工程类比法确定，但必须满足《爆破安全规程》GB 6722—2003 和规范要求。

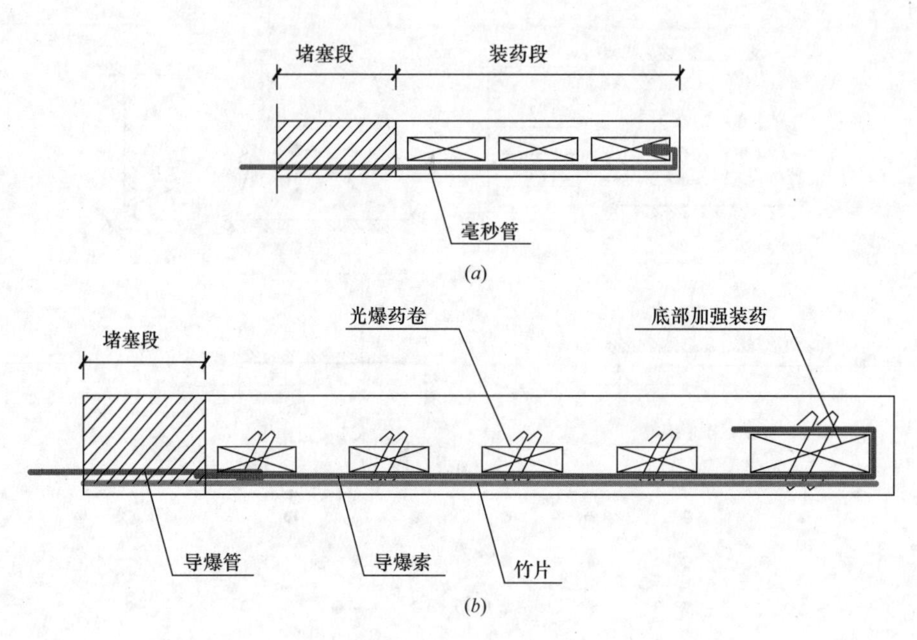

图 5-29　装药结构示意

（*a*）连续装药结构示意图；（*b*）间隔装药结构示意图

图 5-30　炮泥制作

（*a*）炮泥制作过程；（*b*）炮泥制作成品

光面爆破参数　　**表 5-1**

岩石种类	周边眼间距 E(cm)	周边眼最小抵抗线 W(cm)	相对距 E/W	周边眼装药参数 (kg/m)
硬岩	55～70	70～85	0.8～1.0	0.30～0.35
中硬岩	45～60	60～75	0.8～1.0	0.20～0.30
软岩	30～50	40～60	0.5～0.8	0.07～0.15

2）应根据爆破效果结合实际地质条件及时调整爆破参数，爆破设计钻孔位置应与钻孔台阶设计相结合，图 5-31、表 5-2 爆破设计图及设计参数仅供参考。

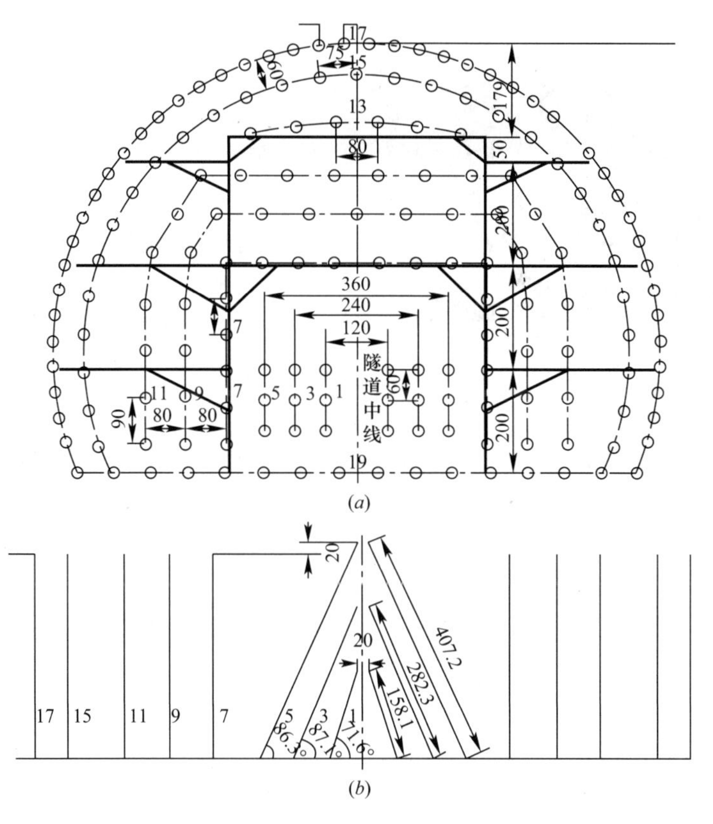

图 5-31　爆破设计

（a）立面图；（b）剖视图

爆破设计参数　　**表 5-2**

爆破参数	钻孔编号	炮孔名称	炮孔深度	炮眼数量	单孔装药量（kg）	段装药量（kg）	起爆顺序	毫秒雷管段号
$S=84\text{m}^2$ $V=294\text{m}^3$ $N=170$ 个 $q=0.752\text{kg/m}^3$ $Q=221.15\text{kg}$	1	掏槽眼	158	6	0.95	5.7	1	1
	2	掏槽眼	282	6	2	12	2	3
	3	掏槽眼	407	6	2.9	17.4	3	5
	4	掘进眼	350	18	1.55	27.9	4	7
	5	掘进眼	350	17	1.55	26.35	5	9
	6	掘进眼	350	20	1.55	31	6	11
	7	掘进眼	350	6	1.55	9.3	7	13
	8	辅助眼	350	29	1.1	31.9	8	15
	9	周边眼	350	46	0.6	27.6	9	17
	10	底眼	350	16	2	32	10	19
		合计		170		221.15		

3.8.3　施工控制要点

（1）测量放样布眼

1）中线、水平控制点布设：为便于检查开挖断面的尺寸及形状，在施工中应设置控制点。中线施工控制点在直线地段宜每 10m 设一个，曲线地段宜每 5m 设一个，中线控制

图 5-32　炮眼定位

点应设在拱顶处，水平施工控制点宜每10m设一个。

2）钻眼前应定出开挖断面中线、水平线，用红油漆准确绘出开挖断面轮廓线，并标出炮眼位置（误差不超过5cm），经检查符合设计要求后方可钻眼。

3）测量方法宜用用激光准直仪定向，经纬仪、水平仪、钢尺相配合进行，见图5-32。

（2）钻眼

按照不同孔位，将钻工定点定位。钻工应熟悉炮眼布置图，能熟练的操作凿岩机械，特别是钻周边眼，一定要由有较丰富经验的老钻工司钻，有专人指挥，确保周边眼有准确的外插角，使两茬炮交界处台阶不大于15cm。同时，根据眼口位置岩石的凹凸程度调整炮眼深度，保证炮眼底在同一平面上。

施工时控制好炮眼的角度、深度、密度，使之符合设计要求，是保证光爆质量的关键之一，为此，应符合下列精度要求：

1）掏槽眼。眼口间距误差和眼底间距误差不得大于5cm。

2）辅助眼。眼口排距、行距误差均不得大于5cm。

3）周边眼。沿隧道设计断面轮廓线上的间距误差不得大于5cm；眼底不超出开挖断面轮廓线10cm，最大不得超过15cm；眼深误差不宜大于10cm。

周边眼外插角按钻机要求操作净空、孔深确定，一般以2°～3°，瑞典的臂式钻最优外插角为2.5°，国内常用支架式凿岩机的炮眼外倾斜率不应大于50mm/m，“长钎打短眼”的办法可以减小钻孔外斜率。

4）内圈炮眼至周边眼的排距误差不得大于5cm，炮眼深度超过2.5m时，内圈炮眼与周边眼宜采用相同的斜率。

5）当开挖面凸凹较大时，应按实际情况调整炮眼深度，并相应调整药量，力求除掏槽眼外的所有炮眼底在同一垂直面上，见图5-33。

(*a*)

(*b*)

图 5-33　钻孔

(*a*) 人工钻孔；(*b*) 机械钻孔

（3）清孔及成孔检查

钻眼完成后，应严格成孔检查。按炮眼布置图进行检查并做好记录，有不符合要求的炮眼应重钻，经检查合格后才能装药爆破；装药前，用高压风水将炮眼内泥浆、石屑吹洗干净。

（4）装药

装药需分片分组，按炮眼设计图确定的装药量自上而下进行，雷管要“对号入座”，要定人、定位、定段别，不得乱装药。所有炮眼均以炮泥堵塞，堵塞长度不小于 20cm，见图 5-34。

（5）连接起爆网络

按设计的连接网络实施。起爆网络为复式网络，以保证起爆的可靠性和准确性。连接时要注意：导爆索的连接方向和连接点的牢固性；导爆管不能打结和拉细；各炮眼雷管连接次数应相同；引爆雷管用黑胶布包扎在离一簇导爆管自由端 10cm 以上处，网络联好后，要有专人负责检查，见图 5-35。

图 5-34　装药

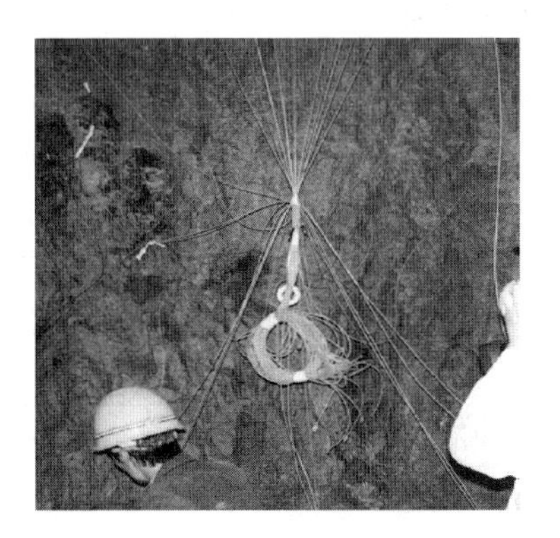

图 5-35　爆破网络连接

（6）引爆

非点炮人员撤离安全区后才能引爆。爆破后，如有瞎炮，要进行专门处理，并及时检查光爆效果，分析原因，调整爆破设计，见图 5-36。

图 5-36　起爆

3.8.4　超欠挖控制

（1）测量放样时，应在掌子面准确画出开挖轮廓线，并向施工人员进行书面交底。

（2）出渣完成后，测量人员应对开挖断面进行复测，对欠挖地段采用红油漆标注由当班开挖人员处理。

（3）钻眼前，宜采用激光指向仪和断面仪布眼，利用激光光斑画出炮眼位置。

（4）根据爆破效果结合实际地质条件及时调整爆破参数。

（5）开挖轮廓线应按设计要求预留变形量，预留变形量大小宜根据监控量测信息进行调整，见图 5-37。

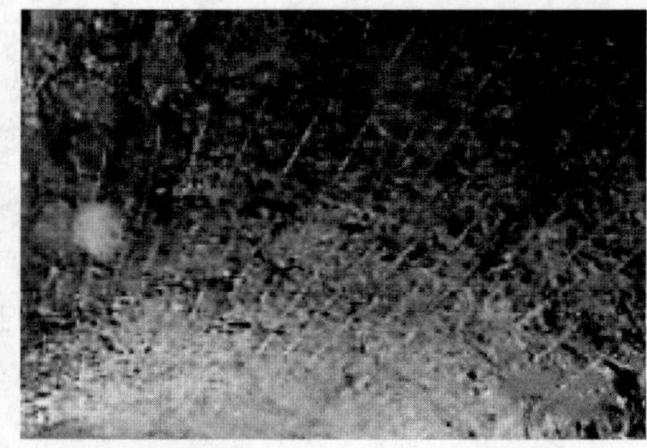

图 5-37 隧道洞身开挖光爆效果

4 质量检验标准

4.1 洞身开挖

4.1 基本要求

（1）不良地质段开挖前应做好预加固、预支护。

（2）当前方地质出现变化迹象或接近围岩分界线时，必须用地质雷达、超前小导坑、超前探孔等方法先探明隧道的工程地质和水文地质情况，方可进行开挖。

（3）应严格控制欠挖。当石质坚硬完整且岩石抗压强度大于 30MPa 并确认不影响衬砌结构稳定和强度时，允许岩石个别凸出部分（每 $1m^2$ 不大于 $0.1m^2$）凸入衬砌断面，锚喷支护时凸入不大于 30mm，衬砌时不大于 50mm，拱脚、墙角以上 1m 内严禁欠挖。

（4）开挖轮廓要预留支撑沉落量及变形量，并利用量测反馈信息及时调整。

（5）隧道爆破开挖时应严格控制爆破震动。

（6）洞身开挖在清除浮石后应及时进行初喷支护。

4.2 实测项目

见表 5-3。

洞身开挖实测项目 **表 5-3**

<table>
<tr><th>项次</th><th colspan="2">检查项目</th><th>规定值或允许偏差</th><th>检查方法和频率</th></tr>
<tr><td rowspan="3">1△</td><td rowspan="3">拱部超挖（mm）</td><td>破碎岩，软土等（Ⅰ、Ⅱ类围岩）</td><td>平均 100，最大 150</td><td rowspan="5">激光断面仪：每 20m 抽一个断面，测点间距≤1m</td></tr>
<tr><td>中硬岩、软土岩（Ⅲ、Ⅳ、Ⅴ类围岩）</td><td>平均 150，最大 250</td></tr>
<tr><td>硬岩（Ⅵ类围岩）</td><td>平均 100，最大 200</td></tr>
<tr><td rowspan="2">2</td><td rowspan="2">边墙超挖（mm）</td><td>每侧</td><td>+100，−0</td></tr>
<tr><td>全宽</td><td>+200，−0</td></tr>
<tr><td>3</td><td colspan="2">仰拱、隧底超挖（mm）</td><td>平均 100，最大 250</td><td>水准仪：每 20m 检查 3 处</td></tr>
</table>

注：带△标记的为主控项目。

4.3 外观鉴定

洞顶无浮石。不符合要求时及时清除。

第六章　初期支护施工工艺标准

1　工艺概述

隧道施工过程中，隧道初期支护可以迅速封闭围岩，它能充分发挥围岩自身的承载能力，并和二次衬砌共同形成结构承担荷载。初期支护包含喷射混凝土、锚杆、钢筋网、钢架等单一或组合的支护形式。

实际施工中应根据围岩条件、断面大小和施工条件等选择支护形式。

2　工序流程

初期支护施工工艺流程见图 6-1。

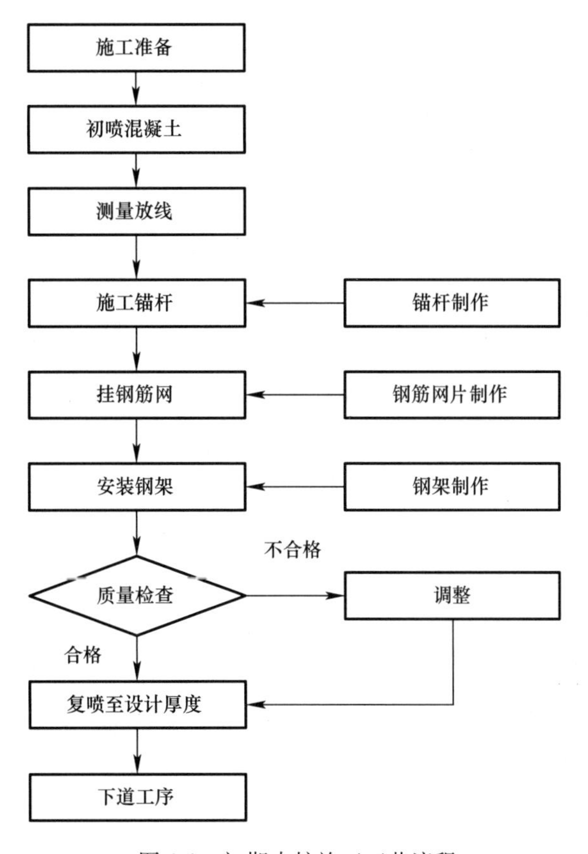

图 6-1　初期支护施工工艺流程

3 施工工艺及控制要点

3.1 施工准备

（1）初期支护所用各种砂浆配合比、混凝土配合比、注浆浆液配合比。经外委试验确定。

（2）初期支护需要用到的材料有：钢筋、水泥、碎石、中粗砂、速凝剂和施工用水等，各种施工材料在使用前试验符合质量要求才可使用，见图 6-2。

图 6-2 原材料检验

（3）编制隧道各初期支护施工方案，并完善报批手续。

3.2 锚杆

3.2.1 中空注浆锚杆

（1）施工工艺

中空注浆锚杆施工工艺流程见图 6-3。

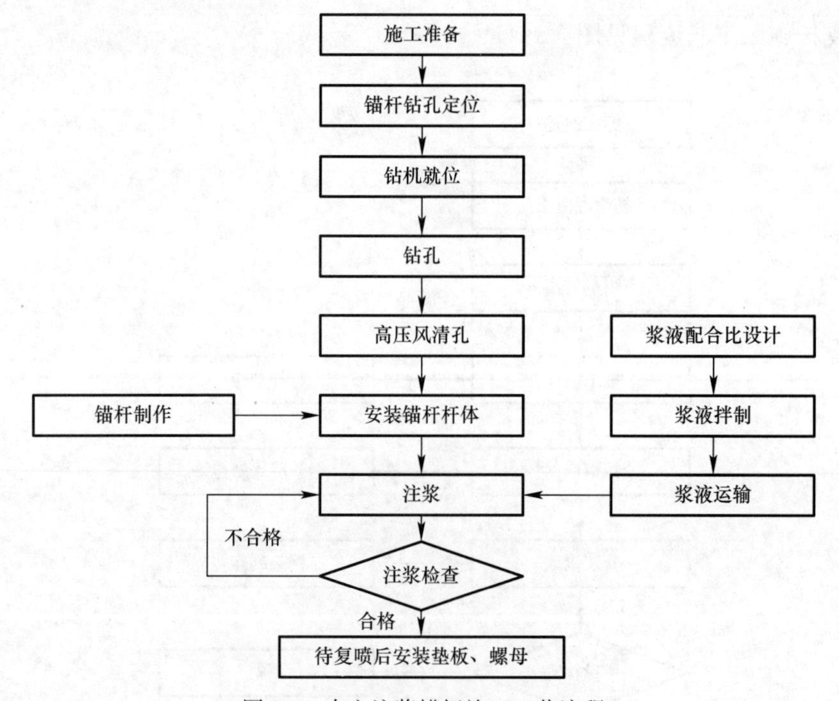

图 6-3 中空注浆锚杆施工工艺流程

（2）施工控制要点

1）中空注浆锚杆应有锚头、垫板、螺母、止浆塞等配件。

2）砂浆配合比（质量比），水泥：砂：水宜为 1：1：0.45。

3）中空注浆锚杆施工时应保持中空通畅，并留有专门排气孔。螺母应在砂浆初凝后拧紧，并使垫板与喷射混凝土面紧密接触，见图 6-4。

4）注浆过程中，注浆压力应保持在 0.3MPa 左右，待排气口出浆后，方可停止注浆。

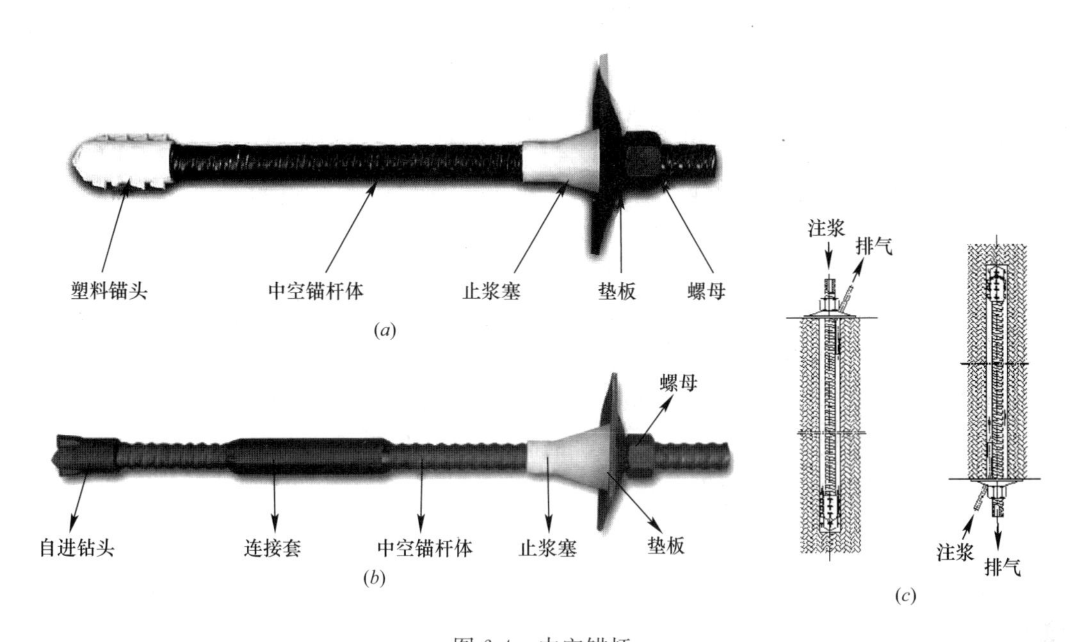

图 6-4　中空锚杆

(a) 普通中空锚杆；(b) 自进式中空锚杆；(c) 中空锚杆注浆

3.2.2　砂浆锚杆

(1) 施工工艺

普通水泥砂浆锚杆施工工艺流程见图 6-5。

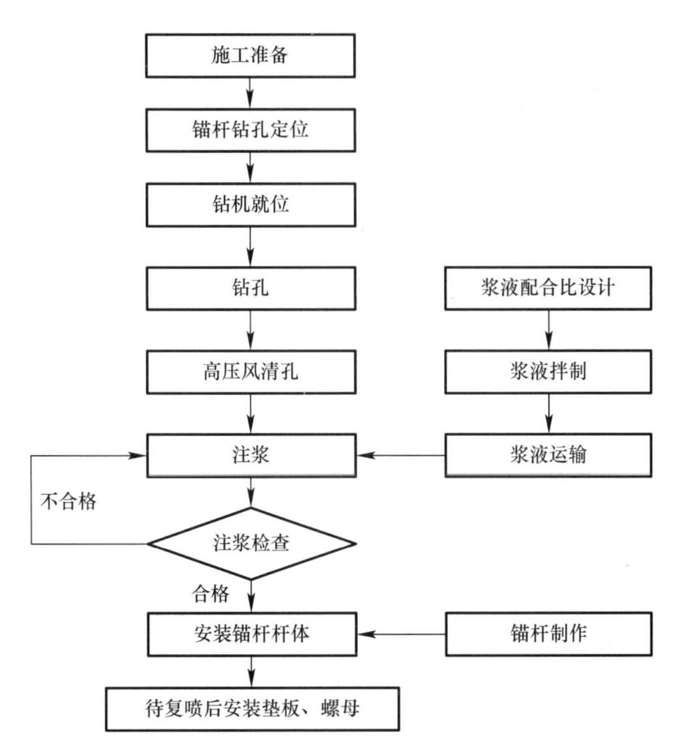

图 6-5　普通水泥砂浆锚杆施工工艺流程

（2）施工控制要点

1）普通水泥砂浆锚杆宜选用螺纹钢筋作锚杆。锚杆外露端应加工 120～150mm 的标准螺纹，并采用配套标准螺母。

2）砂浆应随拌随用，一次拌合的砂浆应在初凝前用完，已初凝的砂浆不得使用。砂浆配合比（质量比）：水泥：砂：水宜为 1：1～1.5：(0.45～0.5)，砂的粒径不宜大于 3mm。

3）采用单管注浆工艺，灌浆管应插至距孔底 50～100mm 处，开始注浆后反复将注浆管向孔底送，使砂浆将孔内多余的水挤压出孔外，之后随水泥砂浆的注入缓慢匀速拔出。灌浆压力不宜大于 0.4MPa。

4）注浆开始或中途暂停超过 30min 时，应用水润滑灌浆罐及其管路。

5）砂浆灌注后应及时插入锚杆杆体，锚杆杆体插到设计深度时，孔口应有砂浆流出，若孔口无砂浆流出，则应将杆体拔出重新灌浆。

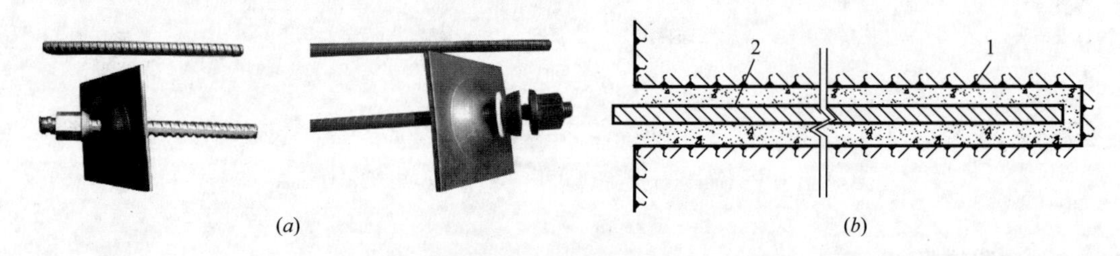

图 6-6　砂浆锚杆

(*a*) 砂浆锚杆组合；(*b*) 砂浆锚杆施工图

1—砂浆；2—锚杆

3.2.3　药卷锚杆

（1）施工工艺

水泥砂浆药包锚杆施工工艺流程见图 6-7。

（2）施工控制要点

1）应对药包做泡水检验，药包包装纸应采用易碎纸。

2）药包不应有受潮结块现象，药包宜在清水中浸泡 1～2min，随用随泡，待不冒气泡时，取出药包，使药包充分湿润但又不能凝固，其外观判断为用手轻捏柔软均匀。

3）第一节药包用木棍捅到孔底，装入药包到 2/3 孔深，再将锚杆插入，并缓慢转动以破碎药包，连续转动时间不少于 1min，以保证搅拌均匀，见图 6-8。

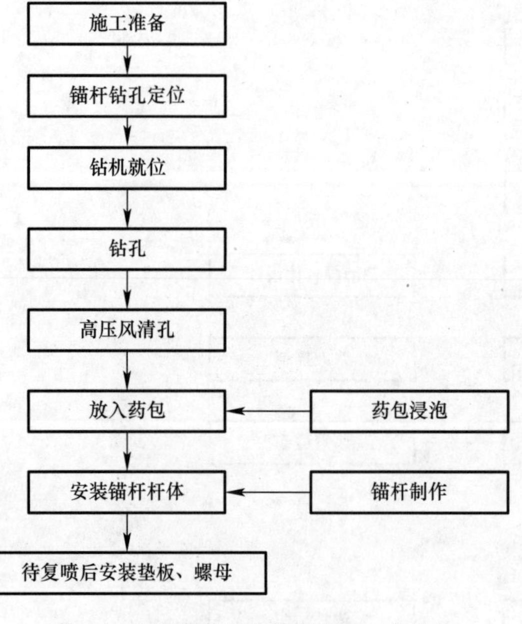

图 6-7　水泥砂浆药包锚杆施工工艺流程

3.2.4　锚杆施工质量控制要点

（1）为保证锚杆的施作质量，拱部锚杆应采用锚杆机进行施作，侧墙及拱腰部位可采用一般气腿式凿岩机钻孔。

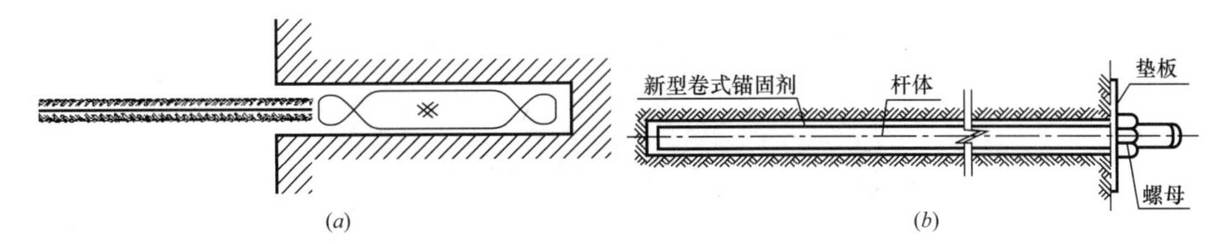

图 6-8　药卷锚杆施工示意

（a）杆体和药卷；（b）药卷锚杆整体图

（2）锚杆施作应在初喷后进行，钻孔前应采用红漆对锚杆孔位置进行标识。

（3）锚杆钻孔方向宜与开挖面垂直，当岩层层面或主要结构面明显时，应尽可能与其成较大交角，但与开挖面的垂直偏差不应大于 20°；局部锚杆应尽可能与岩层层面或主要结构面成大角度相交。钻孔完成后应对锚杆孔位、孔深等进行检查。钻孔深度不应小于锚杆杆体有效长度，但深度超长值不应大于 100mm。

（4）锚杆的垫板应在复喷完成后安装，安装垫板时，应确保垫板与锚杆轴线垂直，确保垫板与喷射混凝土层紧密接触。当锚杆孔的轴线与孔口面不垂直时，可采用两种方法进行调整：一是在螺帽下安装楔形垫块；二是在垫板后用砂浆或混凝土找平。锚杆砂浆凝固前不得加力。

（5）锚杆安设后不得敲击，其端部不得悬挂重物，见图 6-9。

图 6-9　锚杆施工（一）

（a）锚杆孔位标识；（b）风枪锚杆钻孔

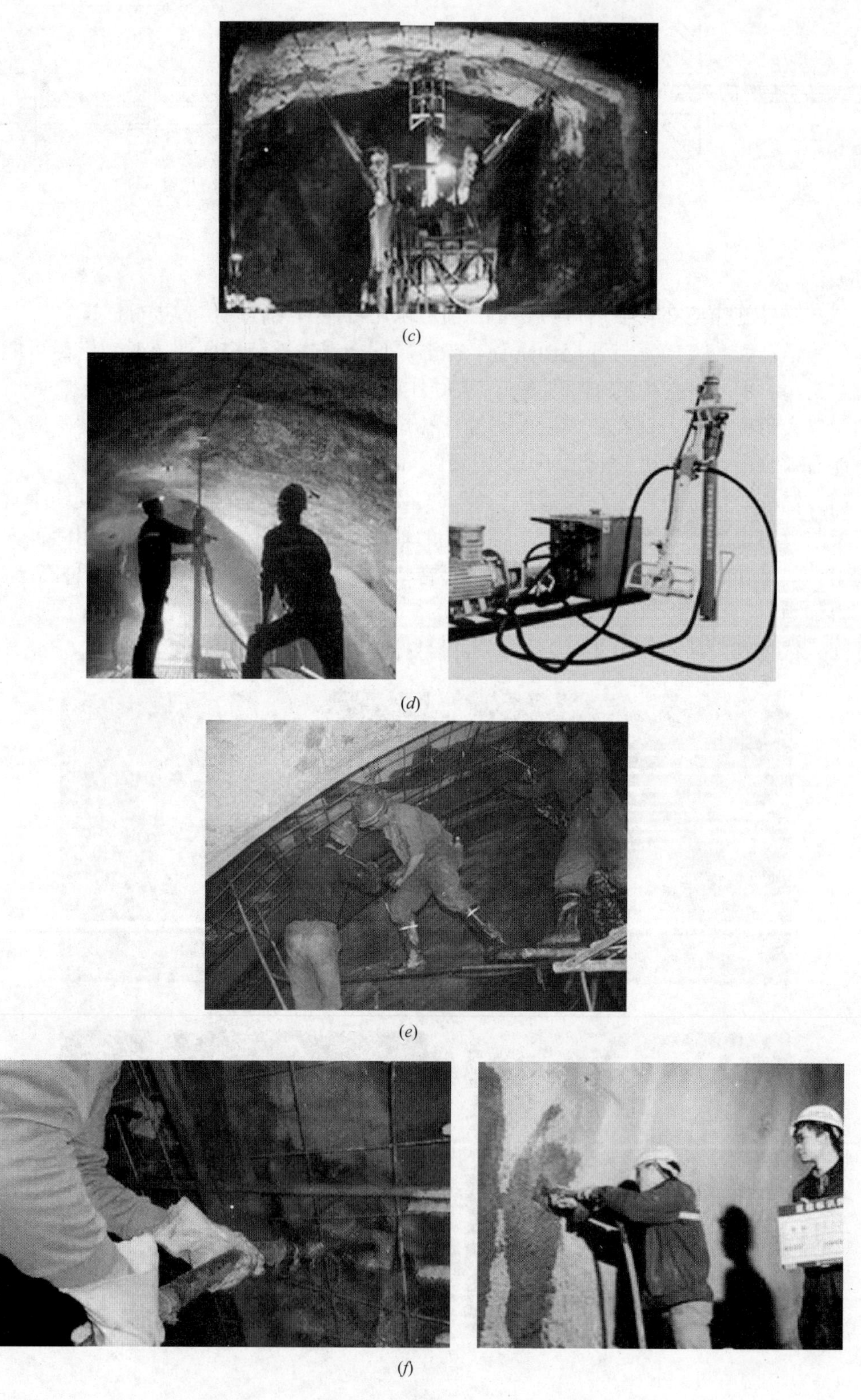

(*c*)

(*d*)

(*e*)

(*f*)

图 6-9　锚杆施工（二）

（*c*）凿岩台车钻孔；（*d*）锚杆钻机钻孔；（*e*）锚杆安装；（*f*）锚杆注浆

(g)

图 6-9　锚杆施工（三）

（g）锚杆检测

3.3　钢筋网

（1）钢筋网在集中加工场采用胎膜胎架分片制作。

（2）钢筋网搭接长度不得小于 35 倍钢筋直径，并不得小于一个网格长边尺寸。

（3）钢筋网应在初喷混凝土后铺挂。钢筋网宜随受喷面起伏铺设，并在锚杆安设后进行，与受喷面间隙宜控制在 20～30mm 之间。

（4）采用双层钢筋网时，第二层钢筋网应在第一层钢筋网被喷射混凝土覆盖后铺设。

（5）钢筋网应与锚杆或其他固定装置连接牢固，与钢架绑扎时，应绑在靠近岩面一侧。

（6）喷射混凝土时，应调整喷头与受喷面的距离、喷射角度，以减少钢筋振动。

（7）喷射混凝土过程中如有脱落的石块或混凝土块被钢筋网卡住时，应及时清除，见图 6-10。

(a)　(b)

(c)

图 6-10　钢筋网

（a）钢筋网片加工模具；（b）钢筋网片加工成品；（c）钢筋网安装

3.4 钢架

3.4.1 施工工艺

钢架施工工艺流程见图 6-11。

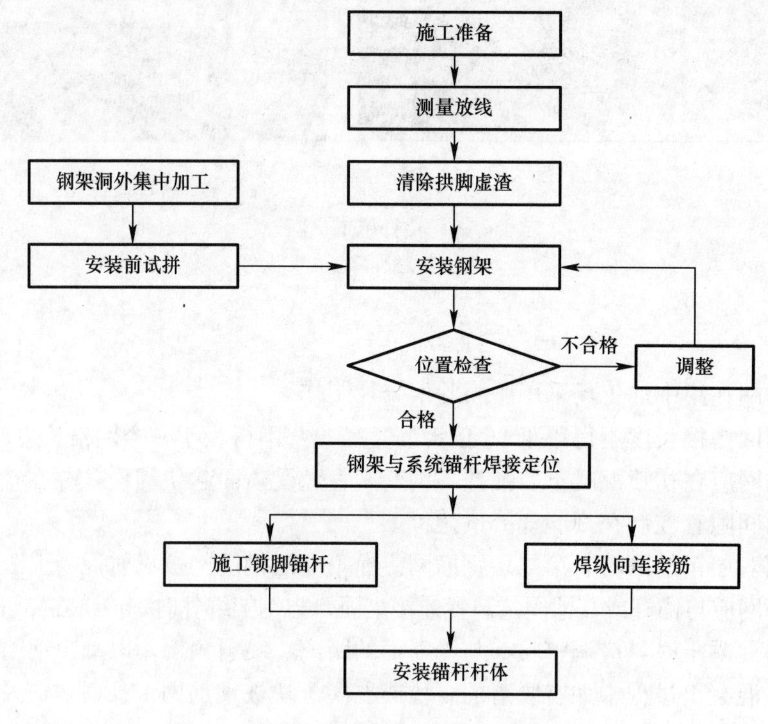

图 6-11 钢架施工工艺流程

3.4.2 施工要点

(1) 钢架加工

1) 钢架应分节段制作，每节段长度应根据设计尺寸及开挖方法确定，不宜大于 4m。每片节段应编号，注明安装位置。型钢钢架宜采用冷弯法制作成型。钢架节段可采用工厂化加工制作方案，亦可在现场加工制作。现场加工的格栅钢架应按 1∶1 胎模控制尺寸，所有钢筋节点必须采用焊接，焊接长度应不小于 40mm，对称焊，见图 6-12。

(a)

图 6-12 格栅钢架及型钢钢架加工（一）

(a) 格栅钢架胎模

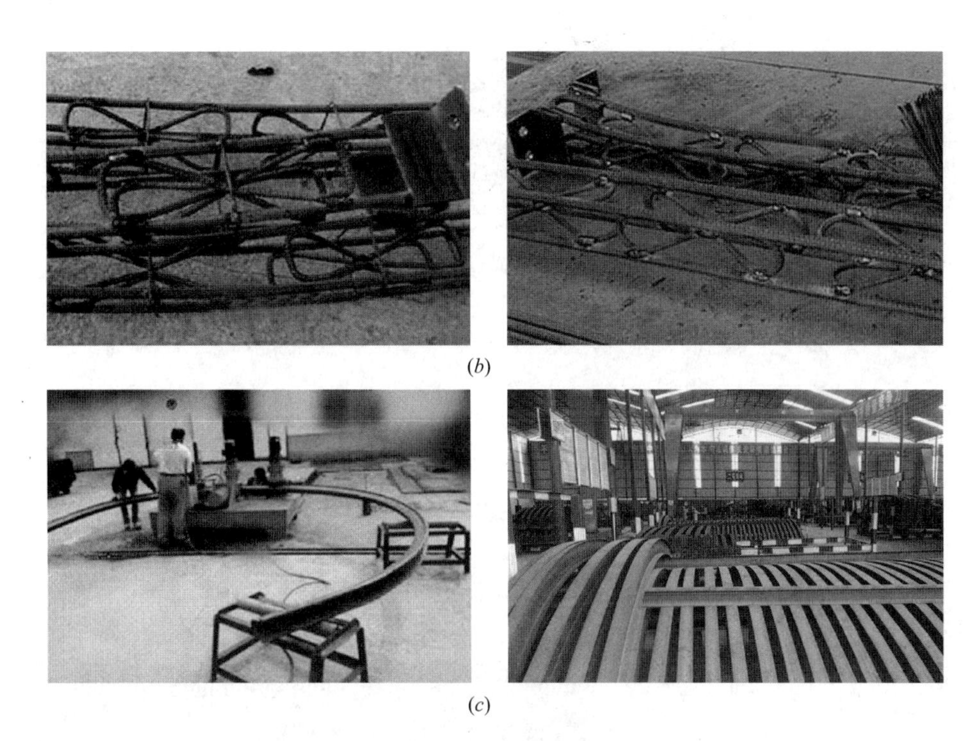

图 6-12　格栅钢架及型钢钢架加工（二）

（b）成型格栅钢架；（c）型钢钢架加工

2）拱架接头钢板厚度及螺栓规格必须符合设计要求；接头钢板螺栓孔必须采用机械钻孔，孔口采用砂轮机清除毛刺和钢渣，要求每榀之间可以互换，严禁采用气割冲孔，见图 6-13。

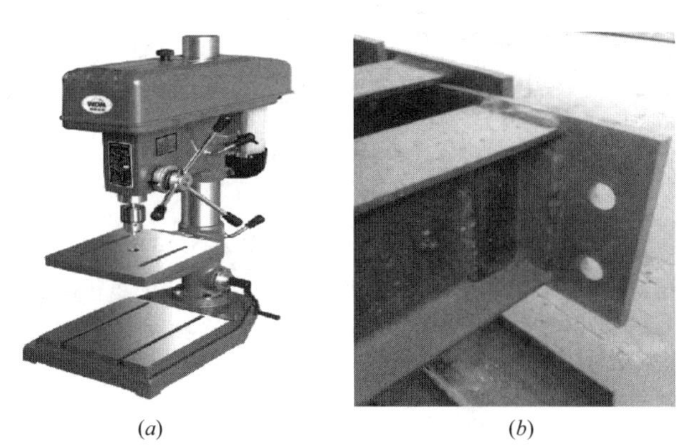

图 6-13　接头钢板冲孔

（a）接头钢板冲孔机；（b）接头钢板冲孔效果

3）钢架加工尺寸应符合设计要求，其形状应与开挖断面相适应。

4）不同规格的首榀钢架加工完成后，应放在平地上试拼，周边拼装允许偏差为±30mm，平面翘曲应小于 20mm。当各部尺寸满足设计要求时，方可批量生产，见图 6-14。

5）工字钢钢架的连接方式：工字钢通过连接钢板和螺栓进行连接，见图 6-15。

6）钢格栅钢架的连接方式：采用角钢通过螺栓进行连接，同时钢格栅之间用符合设计要求的纵向连接筋焊接牢固，见图 6-16。

(*a*)

(*b*)

图 6-14　钢架试拼装

（*a*）型钢钢架试拼；（*b*）格栅钢架试拼

图 6-15　工字钢钢架采用螺栓连接

图 6-16　钢格栅节段连接的纵向连接钢筋及接头螺栓

7）U 型钢的连接分两种：一种是滑缩接头，即用 U 形螺栓加 U 形连接板进行连接；另一种连接方式是通过钢板和螺栓进行连接，见图 6-17。

图 6-17　U 形钢钢架接头

（2）钢架安装施工要点

1）钢架安装前应检查开挖断面轮廓、中线及高程。

2）钢架安装应确保两侧拱脚必须放在牢固的基础上。安装前应将底脚处的虚渣及其他杂物彻底清除干净；脚底超挖、拱脚标高不足时，应用喷射混凝土填充；拱脚高度应低于上半断面底线 15～20cm，当拱脚处围岩承载力不够时，应向围岩方向加设钢垫板、垫梁或浇注强度不低于 C20 的混凝土以加大拱脚接触面积。

（3）钢架应分节段安装，节段与节段之间应按设计要求连接。连接钢板平面应与钢架轴线垂直。

（4）相邻两榀钢架之间必须用纵向钢筋连接，连接钢筋直径不应小于 18mm，连接钢筋间距不应大于 1.0m。

（5）钢架立起后，根据中线、水平将其校正到正确位置，然后用定位筋固定，并用纵向连接筋将其和相邻钢架连接牢靠。钢架安装时应垂直于隧道中线，竖向不倾斜、平面不错位，不扭曲。上、下、左、右允许偏差±50mm，钢架倾斜度应小于 2°。

（6）上断面钢拱架安装完成后，在接头处每处各打设 2 根锁脚锚杆，锁脚锚杆弯钩焊接在工字钢临空面侧翼缘上，采用双面焊，焊缝长度、厚度不小于设计要求。

（7）钢架在初喷混凝土后安装，应尽可能与围岩或初喷面密贴，有间隙时应采用混凝土垫块楔紧，严禁采用片石回填。

（8）钢架应严格按设计架设，间距必须符合设计要求，拱架安装位置采用红油漆进行标注，并编写号码。

（9）下导坑开挖时，预留洞室的位置也要按设计要求进行支护，只有在施工二衬时方可拆除，以确保安全。

（10）钢架安装就位后，钢架与围岩之间的间隙应用喷射混凝土充填密实，并使钢架与喷射混凝土形成整体。喷射混凝土应由两侧拱脚向上对称喷射，并将钢架覆盖，临空一侧的喷射混凝土保护层厚度应不小于 20mm。

（11）钢架应经常检查，如发现破裂、倾斜、弯扭、变形以及接头松脱填塞漏空等异状，必须立即加固。

（12）钢架的抽换、拆除，应本着“先顶后拆”的原则进行，防止围岩松动坍塌，见图 6-18。

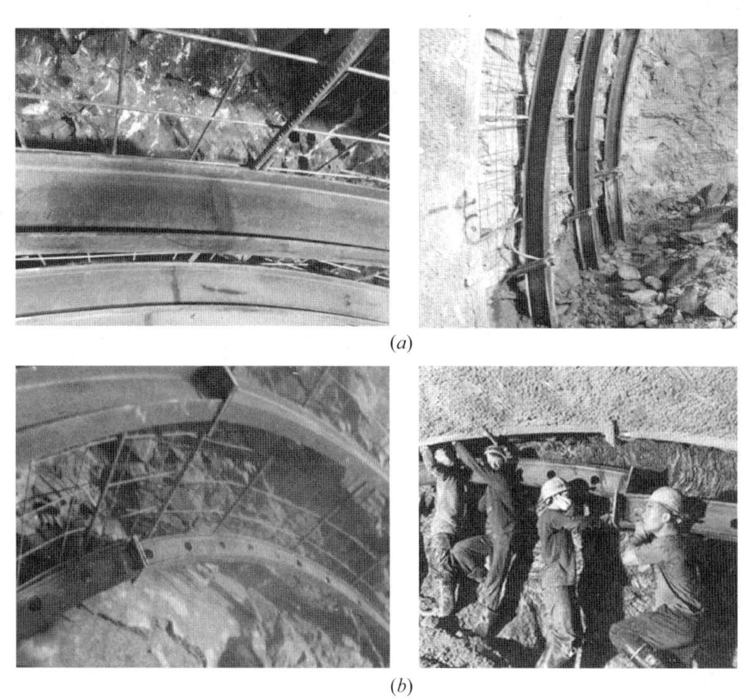

(*a*)

(*b*)

图 6-18　拱架安装（一）

（*a*）拱架中线及标高控制；（*b*）上台阶拱架安装

(*c*)

(*d*)

(*e*)

图 6-18 拱架安装（二）

(*c*) 下台阶拱架安装；(*d*) 连接钢筋；(*e*) 锁脚锚杆

3.5 喷射混凝土

3.5.1 施工工艺

喷射混凝土施工工艺流程见图 6-19。

3.5.2 施工要点

（1）喷射混凝土作业前，应做好以下准备工作：

1）检查开挖断面净空尺寸。

2）清除松动岩块和墙脚岩渣、堆积物，并冲洗受喷面（当岩面受水容易潮解、泥化时，应采用高压风清扫）。

3）设置控制喷射混凝土厚度的标志。

4）检查机具设备和风、水、电等管线路，并试运转，喷射机应具有良好的密封性能，输料连续、均匀，附属机具的性能应能满足喷射作业需要。在混合料中添加钢纤维时，宜采用钢纤维播料机。

5）岩面如有渗漏水，应予妥善处理：①对于大股涌水，宜采用注浆堵水后再喷射混凝土，一般情况下，可顺涌水出露点打孔，压注速凝浆液（水泥—水玻璃浆液）进行封堵；②对于小股水或裂隙渗漏水，视具体情况宜进行岩面注浆（布孔宜密，钻孔宜浅），或采用小导管沿隧道周边环形注浆进行封堵；③对于集中出水点，可顺水路（节理、裂隙）设排水半管或线形排水板，将水引到隧底水沟或纵向排水管。

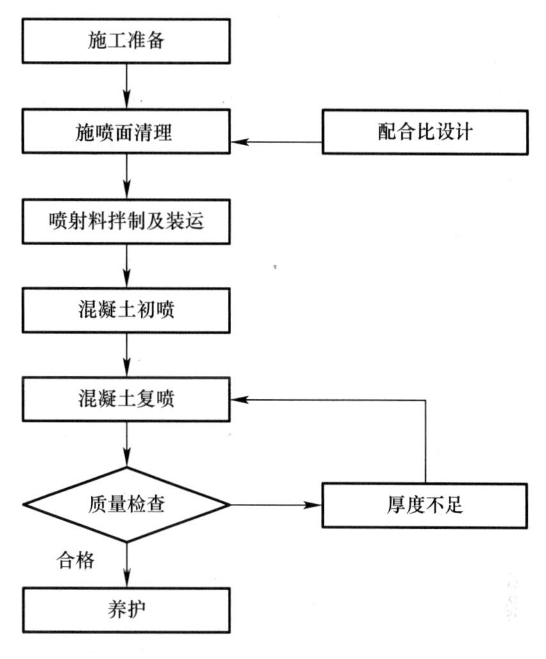

图 6-19　喷射混凝土施工工艺流程

（2）混凝土原材料

1）水泥：宜选用硅酸盐水泥或普通硅酸盐水泥。特殊情况下可采用特种水泥，采用特种水泥时应进行现场试验，指标应满足设计要求。

2）粗集料：应采用连续级配、坚硬耐久的碎石，最大粒径不应大于 13.2mm，其压碎值应≤16％，针片状颗粒含量≤25％，含泥量≤2.0％。

3）细集料：要求采用连续级配、坚硬耐久、颗粒洁净、粒径小于 4.75mm 的河砂或机制砂，细度模数宜大于 2.5，其含泥量≤5.0％。

4）外加剂：应对混凝土的强度及围岩的黏结力基本无影响，对混凝土和钢材无腐蚀作用，易于保存，不污染环境，对人体无害。外加剂使用前必须进行相应性能试验。凡喷射混凝土拟用于堵塞漏水灌浆，或要求支撑加固尽快达到强度值，可掺加早强剂于混合料中。为使喷射混凝土在喷射后达到速凝，可掺加速凝剂于混合料中。

5）速凝剂：应根据水泥品种、水灰比等，根据不同掺量的混凝土试验选择掺量，使用前应做好速凝效果试验，要求初凝不应大于 5min，终凝不应大于 10min。应采用液体速凝剂，严禁采用粉体速凝剂。

6）水：应采用清洁的饮用水，pH 值不小于 4、硫酸盐含量（以 SO_4^{2-} 计）不超过 1％的清水（按重量计）。在喷射混凝土的用水中，含有的有机物和无机物应以不损害混凝土的质量为准。

7）外掺料：外掺料剂量应通过试验确定，加外掺料后的喷射混凝土性能必须满足设计要求。

（3）喷射混凝土配合比设计

喷射混凝土配合比设计必须同时满足混凝土性能和喷射混凝土工作度（可喷性）要求，喷射混凝土配合比应通过试验确定。

（4）混凝土喷射作业

1）喷射作业应分段分片依次进行，喷射顺序自下而上进行，每次作业区段纵向长度不宜超过 6m。喷射时采用螺旋移动方式进行，喷嘴与岩面保持垂直，且距受喷面 0.6～1.2m 为宜。

2）一次喷射厚度可根据喷射部位和设计厚度确定，初喷厚度宜控制在 4～6cm，复喷一次喷射厚度拱部不得超过 10cm，边墙不得超过 15cm。首层喷混凝土时，要着重填平补齐，将小的凹坑喷圆顺。岩面有严重坑洼处采用锚杆吊模模喷混凝土处理。

3）喷混凝土时控制好风压和速凝剂掺量，减少回弹，喷射压力以控制在 0.10～0.15MPa 为宜。

4）分层喷射混凝土时，后一层喷射混凝土应在前一层混凝土终凝后进行。若终凝 1h 后再喷射，应先用风水清洗喷射混凝土表面。

5）钢架与壁面之间的间隙应用混凝土充填密实；喷射混凝土应由两侧拱脚向上对称喷射，并将钢架覆盖。

6）喷射作业紧跟开挖作业面时，下一循环爆破应在喷射混凝土终凝 4h 以后进行。

7）对有渗水和大面积潮湿的岩面与喷射混凝土不易黏结，为了增加其黏结性，初喷在岩面上的混凝土可适当增加水泥用量。

（5）喷射混凝土完成后，养护

1）混凝土喷射终凝 2h 后，应进行湿润养护，养护时间不得少于 7d。

2）黄土或其他土质隧道，以喷雾养护为宜，以防止喷水过多软化下部土层。

3）隧道内环境气温低于 5℃时，应采取保温措施，不得进行喷水养护。

（6）钢纤维喷射混凝土

1）钢纤维宜用普通碳素钢制成。

2）钢纤维截面直径应为 0.3～0.5mm。

3）钢纤维长度宜为 20～25mm。

4）钢纤维含量宜为干混合料质量的 1.5%～4%（总量比）。

5）钢纤维喷射混凝土石子粒径不宜大于 10mm。

6）钢纤维混凝土的搅拌应采用强制式搅拌机。水泥、集料、钢纤维先干拌，时间不得少于 1.5min，加水后湿拌时间不应少于 3min，见图 6-20。

(*a*)

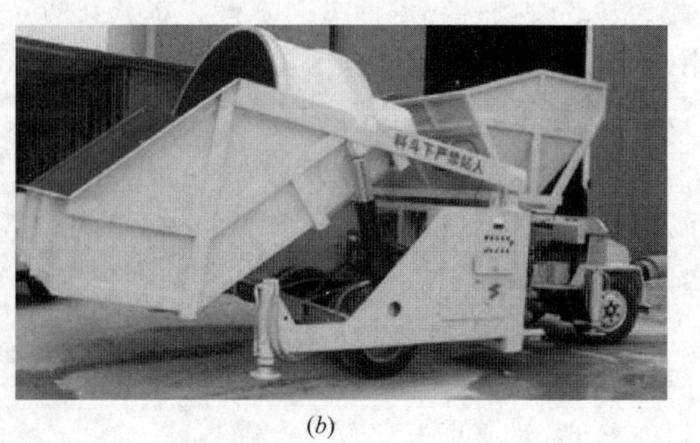
(*b*)

图 6-20　喷射混凝土（一）

（*a*）人工喷射作业；（*b*）带自动上料斗的普通湿喷机

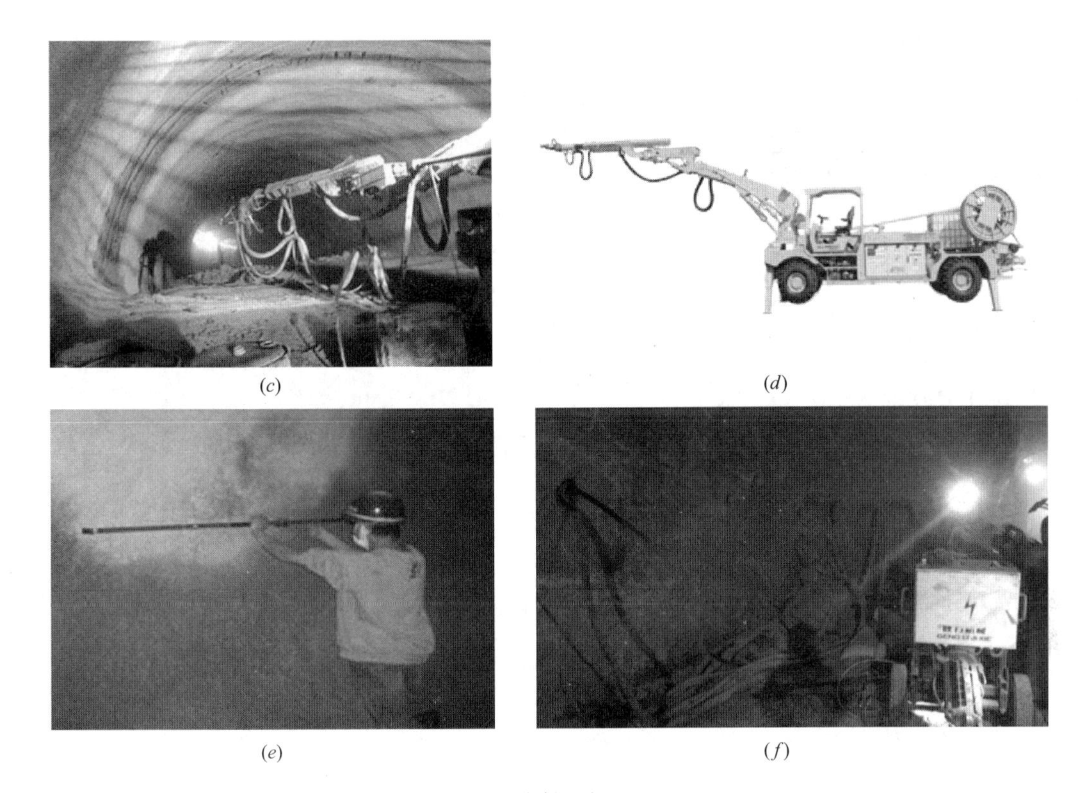

图 6-20　喷射混凝土（二）

（*c*）喷射机械作业；（*d*）喷射机械；（*e*）喷射混凝土平整度检查；（*f*）初支背后空洞注浆

4　质量检验标准

4.1　锚杆支护

4.1.1　基本要求

（1）锚杆的材质、类型、规格、数量、质量和性能必须符合设计和规范的要求。

（2）锚杆插入孔内的长度不得短于设计长度的95%。

（3）砂浆锚杆和注浆锚杆的灌浆强度应不小于设计和规范要求，锚杆孔内灌浆密实饱满。

（4）锚杆垫板应满足设计要求，垫板应紧贴围岩，围岩不平时要用M10砂浆填平。

（5）锚杆应垂直于开挖轮廓线布设。对沉积岩，锚杆应尽量垂直于岩层面。

4.1.2　实测项目

见表6-1。

锚杆支护实测项目　　**表6-1**

项次	检查项目	规定值或允许偏差	检查方法和频率
1△	锚杆数量（根）	不少于设计	按分项工程统计
2	锚杆拔力（kN）	28d拔力平均值≥设计值，最小拔力：0.9设计值	按锚杆数1%做拔力试验，且不小于3根做拔力试验

续表

项次	检查项目	规定值或允许偏差	检查方法和频率
3	孔位（mm）	±15	尺量：检查锚杆数的10％
4	钻孔深度（mm）	±50	尺量：检查锚杆数的10％
5	孔径（mm）	砂浆锚杆：>杆体直径＋15；其他锚杆：符合设计要求	尺量：检查锚杆数的10％
6	锚杆垫板	与岩面紧贴	检查锚杆数的10％

注：带△标记的为主控项目。

4.1.3 外观鉴定

钻孔方向应尽量与围岩和岩层主要结构面垂直，锚杆垫板与岩面紧贴。

4.2 钢筋网支护

4.2.1 基本要求

（1）所用材料、规格、尺寸等应符合设计要求。

（2）采用双层钢筋网时，第二层钢筋网应在第一层钢筋网被混凝土覆盖后铺设。

4.2.2 实测项目

见表6-2。

钢筋网支护实测项目 **表6-2**

项次	检查项目	规定值或允许偏差	检查方法和频率
1△	网格尺寸（mm）	±10	尺量：每$50m^2$检查2个网眼
2	钢筋保护层厚（mm）	≥10	凿孔检查：检查5点
3	与受喷岩面的间隙（mm）	≤30	尺量：检查10点
4	网的长、宽（mm）	±10	尺量

注：带△标记的为主控项目。

4.2.3 外观鉴定

钢筋网与锚杆或其他固定装置连接牢固，喷射混凝土时不得晃动。

4.3 钢支撑支护

4.3.1 基本要求

（1）钢支撑的型式、制作和架设应符合设计和规范要求。

（2）钢支撑之间必须用纵向钢筋连接，拱脚必须放在牢固的基础上。

（3）拱脚标高不足时，不得用块石、碎石砌垫，而应设置钢板进行调整，或用混凝土浇筑，混凝土强度不小于C20。

（4）钢支撑应靠紧围岩，其与围岩的间隙，不得用片石回填，而应用喷射混凝土等填实。

4.3.2 实测项目

见表6-3。

钢支撑支护实测项目 **表 6-3**

项次	检查项目		规定值或允许偏差	检查方法和频率
1△	安装间距（mm）		±50	尺量：每榀检查
2	保护层厚度（mm）		≥20	凿孔检查：每榀自拱顶每 3m 检查一点
3	倾斜度（°）		±2	测量仪器检查每榀倾斜度
4	安装偏差（mm）	横向	±50	尺量：每榀检查
		竖向	不低于设计标高	
5	拼装偏差（mm）		±3	尺量：每榀检查

注：带△标记的为主控项目。

4.3.3 外观鉴定

无污秽、无锈蚀和假焊，安装时基底无虚渣及杂物，接头连接牢靠。

4.4 （钢纤维）喷射混凝土支护

4.4.1 基本要求

（1）材料必须满足规范或设计要求。

（2）喷射前要检查开挖断面的质量，处理好超欠挖。

（3）喷射前，岩面必须清洁。

（4）喷射混凝土支护应与围岩紧密粘接，结合牢固，喷层厚度应符合要求，不能有空洞，喷层内不容许添加片石和木板等杂物，必要时应进行粘结力测试，喷射混凝土严禁挂模喷射，受喷面必须是原岩面。

（5）支护前应做好择水措施，对渗漏水孔洞、缝隙应采取引捧、堵水措施，保证喷射混凝土质量。

（6）采用钢纤维喷射混凝土时，钢纤维抗拉强度不得低于 380MPa，且不得有油渍及明显的锈蚀。钢纤维直径宜为 0.3～0.5mm，长度为 20～25mm，且不得大于 25mm。钢纤维含量宜为混合料质量的 1%～3%。

4.4.2 实测项目

见表 6-4。

（钢纤维）喷射混凝土支护实测项目 **表 6-4**

项次	检查项目	规定值或允许偏差	检查方法和频率
1△	喷射混凝土强度（MPa）	在合格标准内	按附录 E 检查
2△	喷层厚度（mm）	平均厚度≥设计厚度；检查点的 60%≥设计厚度；最小厚度≥0.5 设计厚度，且≥50	凿孔法或雷达检测仪：每 10m 检查一个断面，每个断面从拱顶中线起每 3m 检查 1 点
3△	空洞检测①	无空洞，无杂物	凿孔或雷达检测仪：每 10m 检查一个断面，每个断面从拱顶中线起每 3m 检查 1 点

注：1. 发现一处空洞本分项工程为不合格。
2. 带△标记的为主控项目。

4.4.3 外观鉴定

无漏喷、离鼓、裂缝、钢筋网外露现象，不符合要求时返工处理。

第七章　防排水施工工艺标准

1　工艺概述

隧道防排水应遵循“防、排、截、堵相结合，因地制宜，综合治理”的原则，保证隧道结构物和营运设备的正常使用和行车安全，并对地表水、地下水妥善处理，形成一个完整通畅的防排水系统。隧道防排水包括洞内环向盲沟（管）、洞内纵向排水沟、洞内拱脚横向排水管、洞内路面横向盲沟、洞内防水板、二衬止水带止水条等。

2　工序流程

结构防排水施工流程见图 7-1。

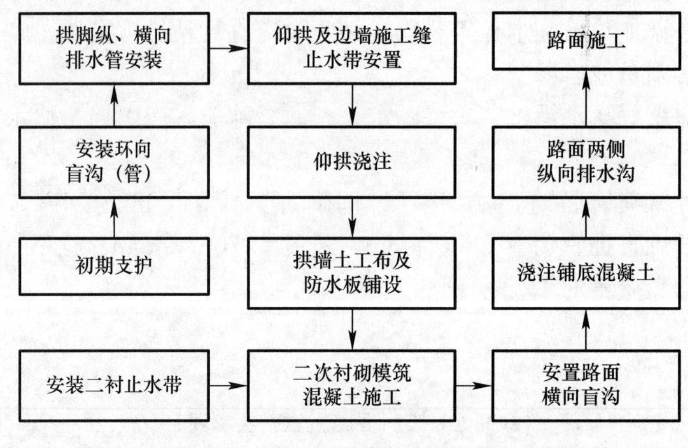

图 7-1　结构防排水施工流程

3　施工工艺及控制要点

3.1　施工准备

3.1.1　技术准备

（1）安置环向盲沟（管）前，对初级支护断面进行测量，检查是否满足设计净空需要。

（2）路面横向盲沟、排水沟施工前，对其位置及标高进行测量放样。

（3）进场原材料检验，对环向盲沟防水板、排水管等各种防排水材料规格、性能质量及气密性等进行检验，见图 7-2。

(a)

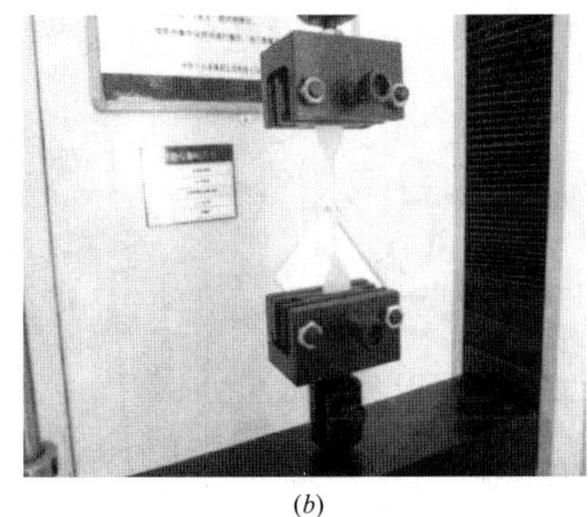

(b)

图 7-2　防水板进场取样检查

（a）防水材料进场检查；（b）防水材料性能检验

3.1.2　现场准备

（1）做好防水材料的进场检查，施工前对隧道初期支护表面进行清理，去除可能损坏防水板的突出物，清除外露锚杆，对止水带、止水条预留槽进行清理。

（2）及早处理地表水，做好洞顶、洞口、辅助坑道口的地面排水系统，防止地表水的下渗和冲刷。

（3）对洞内的出水部位、水量大小、涌水情况、变化规律、补给来源及水质成分等做好观测和记录，并不断改善防排水措施。

（4）可穿行作业台架、自动走行热焊机、焊枪等机械设备到位，性能状态满足施工需要，并安排有相关维修人员负责设备的保养和维护。

3.2　安装环纵向透水盲管和盲沟

3.2.1　工艺流程

安装环纵向透水盲管和盲沟工艺流程见图 7-3。

3.2.2　施工控制要点

（1）环向排水半管：严格按照设计间距设置洞内环向排水半管，环向排水半管的底部要与拱脚纵向排水管相连，见图 7-4。

（2）拱脚纵、横向排水管：纵向排水管与三通接头连接后，要用土工布进行包裹。

（3）环向排水盲管的纵向间距宜为 5～20m，在水量较大或集中出水点应加密布置。

（4）纵向排水盲管宜安装于边墙底部，连接纵向排水盲管的横向排水管坡度宜为 2%，间距宜为 5～10m。

（5）用防水板将纵向排水管进行反包，并在防水板上剪一圆孔，将三通接头的出水口穿过该孔。要做好纵向排水管的标高控制，确保排水通畅。

（6）纵向排水管纵向坡度一般和隧道路面纵坡相同。上坡进洞洞口至第一个检查孔段（一般 25m 长），可设成

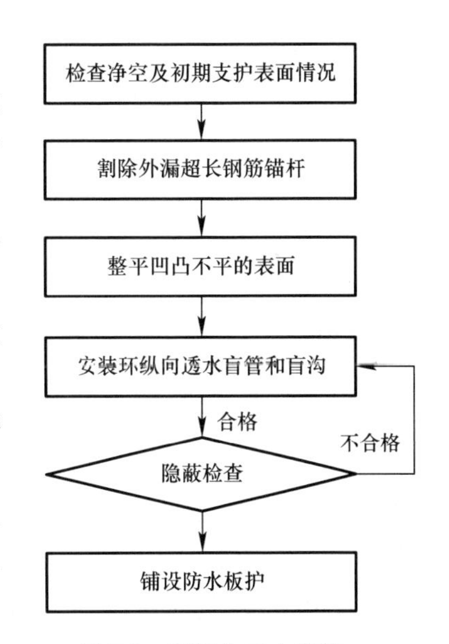

图 7-3　环纵向透水盲管和盲沟工艺流程

与路面成反坡的排水坡度，使隧道所有围岩集水都通过隧道中心排水管沟排出洞外。

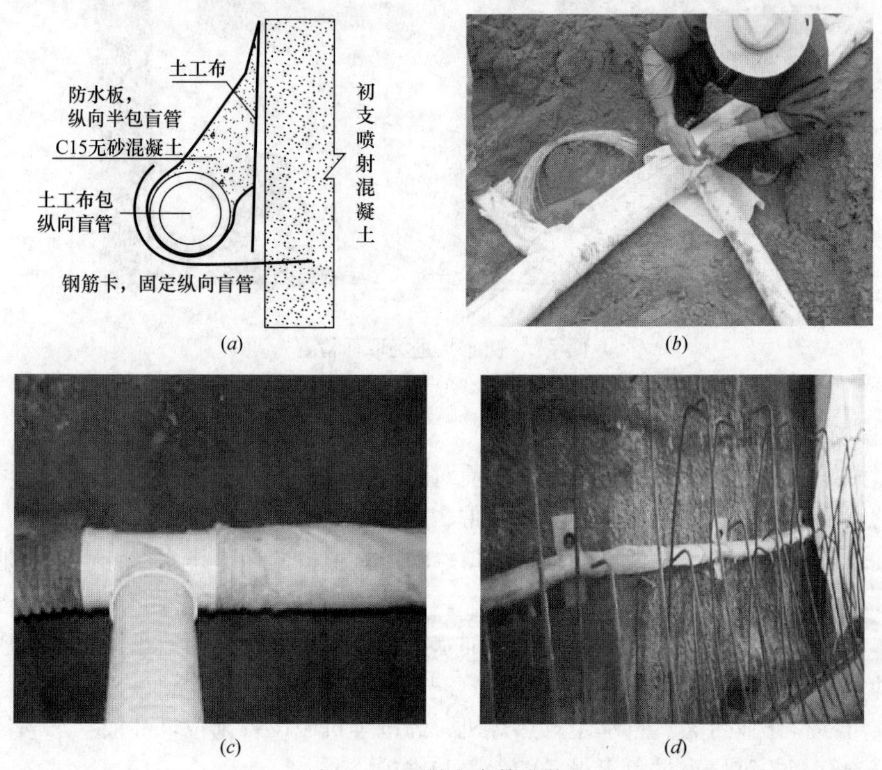

图 7-4 环纵向盲管安装

(*a*) 纵向盲沟铺设示意图；(*b*) 土工布包裹盲管；(*c*) 环向盲管与纵向连接；(*d*) 纵向盲管固定

(7) 纵向排水管安装，其标高应严格控制，保证其纵向排水坡度。严禁出现排水管忽高忽低现象，造成排水管长期积水和堵塞，引起边墙底部渗水。

(8) 排水管系统应该按设计连通形成完整的排水系统。道路连接宜采用变径三通方式，连接牢固、畅通，安装坡度符合设计要求。

3.3 土工布、防水板铺设施工

3.3.1 工艺流程

土工布、防水板铺设工艺流程如图 7-5 所示。

3.3.2 施工控制要点

(1) 初期支护：检查初期支护表面的平整度，有无尖锐异物等，喷层面不得有锚杆头或钢筋头外露，对凸凹不平处应修凿、补喷或砂浆找平，见图 7-6。

(2) 土工布铺设：土工布对防水板起缓冲、保护作用；通过射钉枪打入热熔垫圈钢钉进行固定，从拱顶向拱脚以下对称平行固定，搭接宽度应符合设计要求；一般规定拱部间距 0.5～0.8m，边墙 0.8～1m，搭接长度不小于 50mm，见图 7-7。

(3) 防水板铺设：①防水板铺设应超前二次衬砌施工 1～2 个衬砌段，并与掌子面保持一定距离。②防水板铺设宜采用专用台架。铺设钱进行精确放样，画出标准线后试铺，确定防水板每环的尺寸，并尽量减少接头。③防水板应无钉铺设，根据初期支护表面平整度适当调整，环向松弛率宜为 10%，纵向松弛率宜为 6%，以保证防水板与喷射混凝土面密贴。

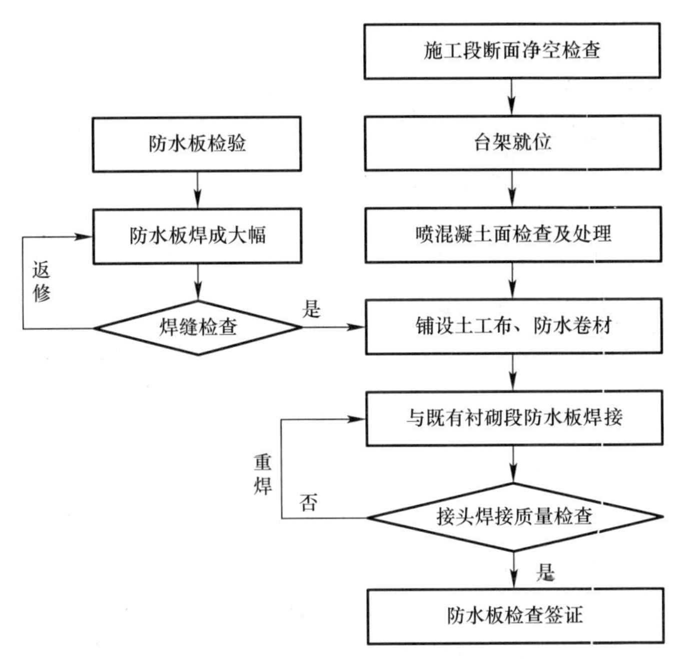

图 7-5　土工布、防水板铺设工艺流程

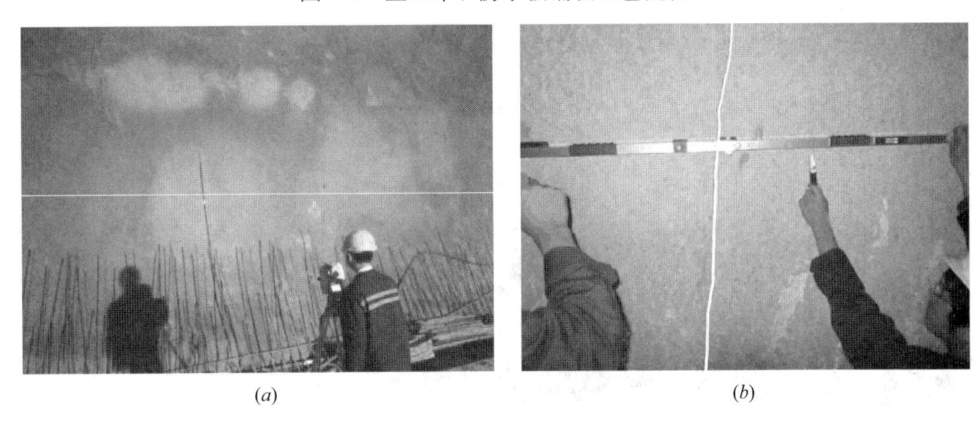

(*a*)　　(*b*)

图 7-6　初期支护断面检查

(*a*) 初期支护断面扫描；(*b*) 初期支护平整度检查

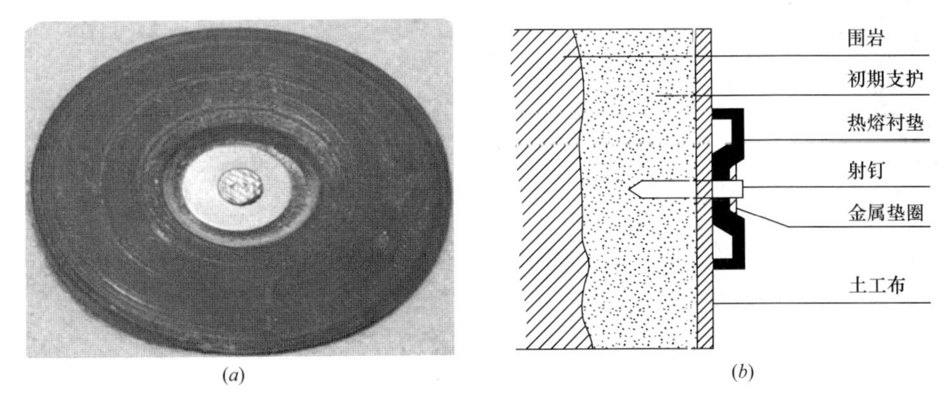

(*a*)　　(*b*)

图 7-7　土工布铺设（一）

(*a*) 热熔垫圈；(*b*) 土工布铺设示意图

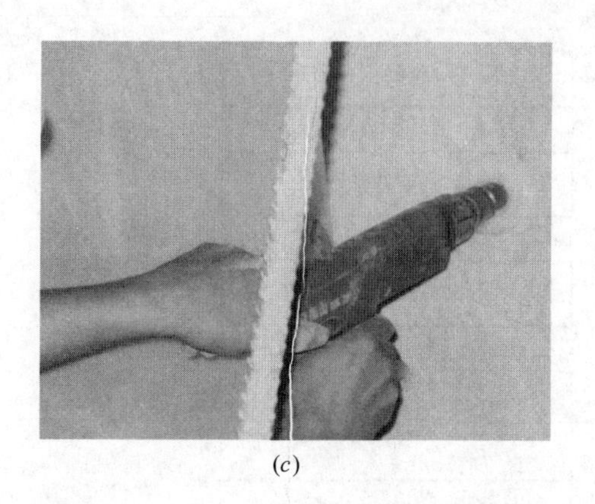

(*c*)

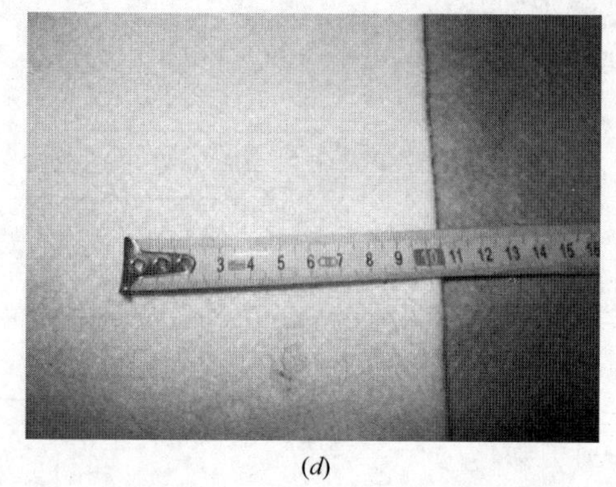

(*d*)

图 7-7　土工布铺设（二）

（*c*）热熔垫圈固定；（*d*）土工布搭接长度检查

（4）防水板焊接：防水板焊接应采用热合机双焊缝焊接，焊接前焊接头板面应擦净，搭接宽度不小于 100mm，控制好热合机的温度和速度，保证焊接质量。焊缝应严密，不得有气泡、折皱及空隙，焊缝应牢固，焊缝强度应不低于母材，单条焊缝有效宽度不应小于 12.5mm。焊接时应避免漏焊、虚焊、烤焦或焊穿，见图 7-8。

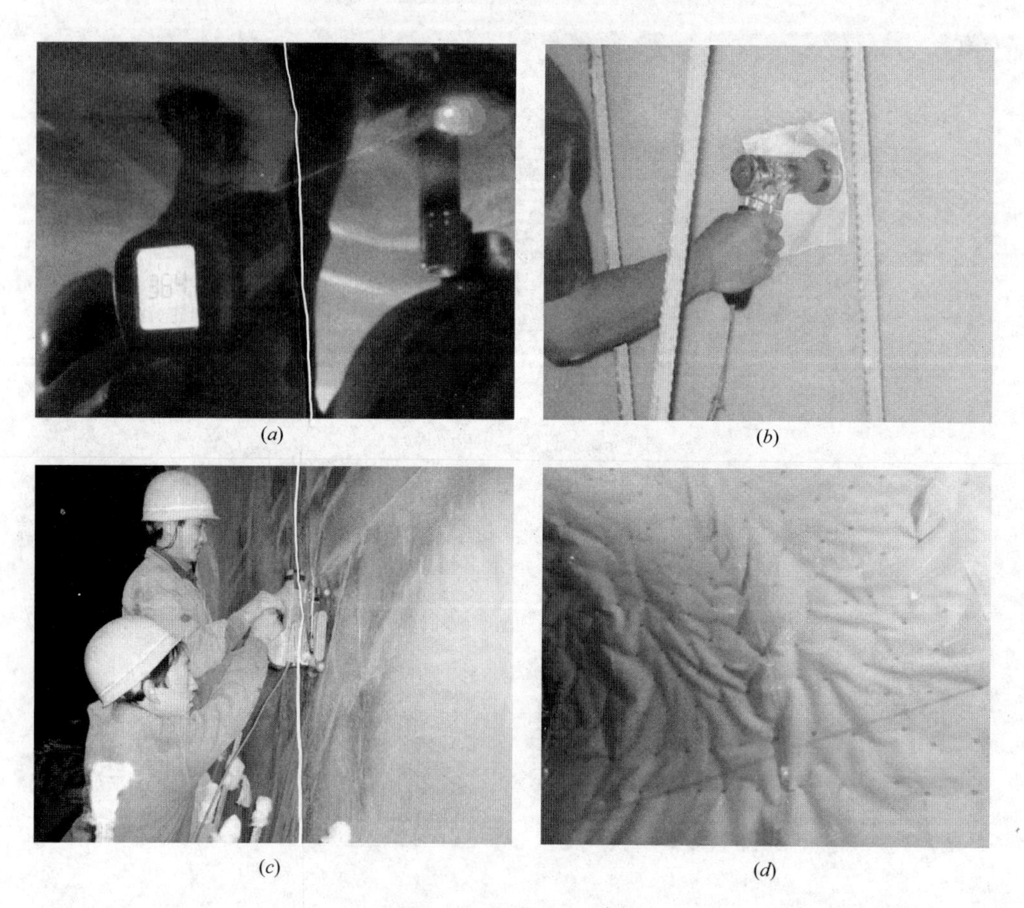

(*a*)　(*b*)　(*c*)　(*d*)

图 7-8　防水板铺设与焊接

（*a*）焊接热熔垫温度测定；（*b*）压焊垫圈与防水板；（*c*）焊接防水板环向施工缝；（*d*）防水板布设效果

（5）焊缝检查：防水板的搭接缝焊接质量应按充气法检查，当压力表达到 0.25MPa 时，停止充气，保持 15min，压力下降不超过 10%，则焊缝质量合格。

（6）施工二次衬砌钢筋过程中要防止钢筋安置过程中对防水板的破坏，对破损的必须及时修补，见图 7-9、图 7-10。

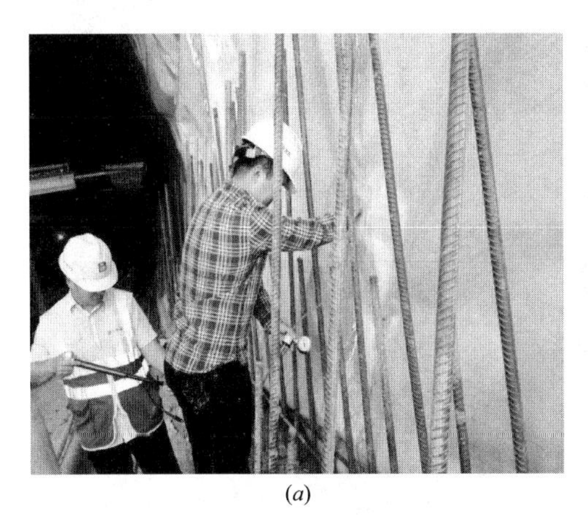

(*a*)

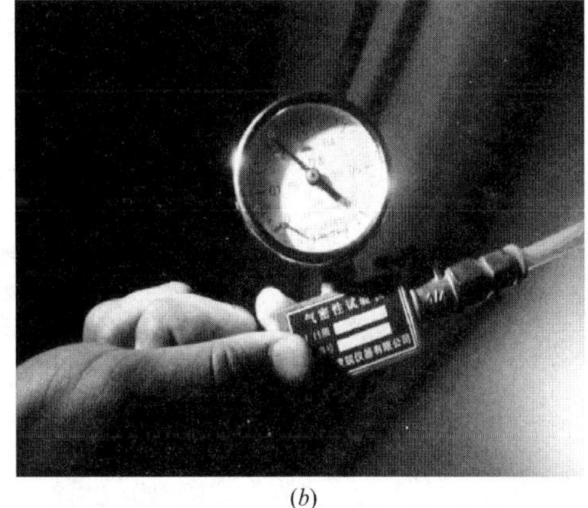

(*b*)

图 7-9　焊缝质量检查

（*a*）防水板气密性检查；（*b*）焊缝检查

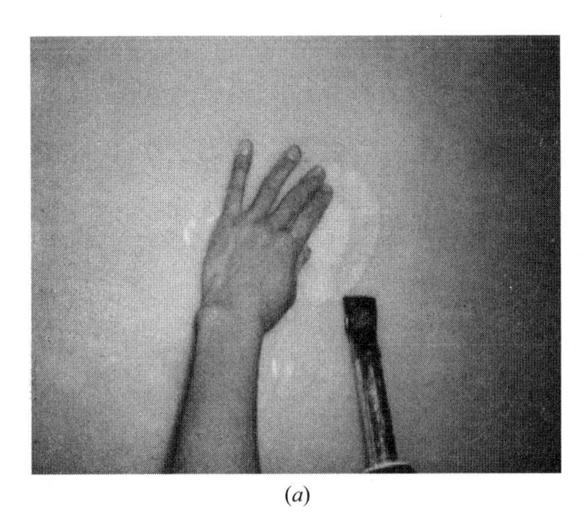

(*a*)

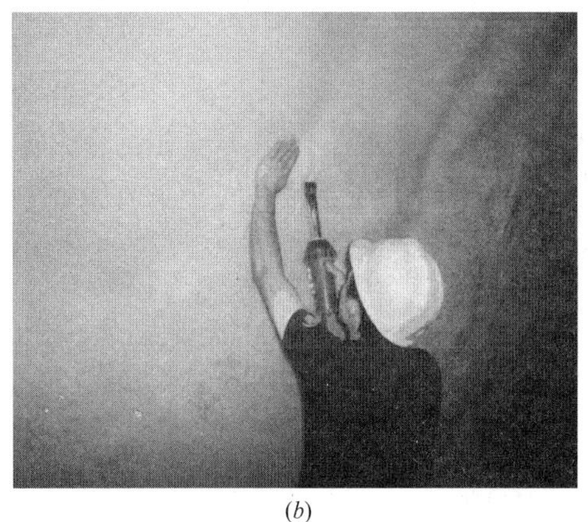

(*b*)

图 7-10　防水板破损修补

（*a*）防水板焊接；（*b*）破洞焊补

3.4　排水边沟和施工变形缝处理

3.4.1　施工控制要点

（1）隧道排水边沟：排水边沟的几何尺寸和沟底纵坡要严格按设计施工，以使洞内水顺利排出，同时按相关规范和设计要求设置伸缩缝，见图 7-11。

（2）中心排水管（沟）坡度应符合设计要求，管路埋设好后，应进行通水试验，发现积水、漏水应及时处理，见图 7-12。

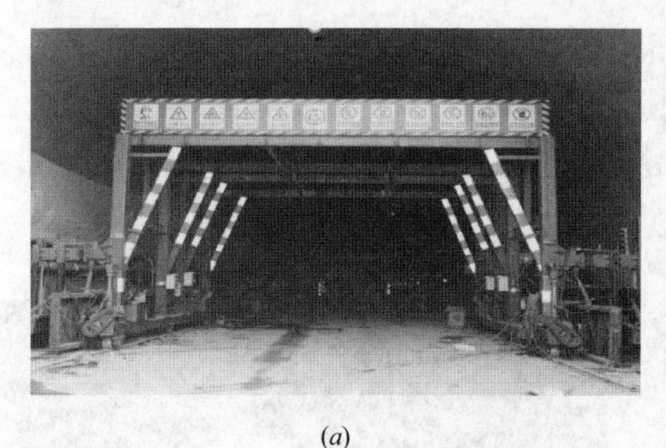

(*a*)　　　　　　　　　　　　　　　　(*b*)

图 7-11　侧向沟槽施工

（*a*）侧向沟槽移动模架施工；（*b*）侧向沟槽施工效果

(*a*)　　　　　　　　　　　　　　　　(*b*)

图 7-12　中心水沟施工

（*a*）中心水沟施工；（*b*）中心水沟预留

（3）施工缝设置宜与变形缝相结合。施工缝施工时，应将其表面浮浆和杂物清除。刷不低于结构混凝土强度等级的净浆或涂混凝土界面处理剂，及时浇筑混凝土。端头模板应支撑牢固，严防漏浆。端头应埋设表面涂油隔离剂的楔形硬木条，隐藏预留浅槽，其槽应平直，槽宽比止水条宽 1～2mm，槽深为止水条厚度的 1/2～1/3，将雨水膨胀止水条牢固地安装在预留浅槽内。

（4）变形缝应满足密封防水、适应变形、施工方便、检修容易等要求。

3.4.2　质量控制要点

（1）沉降变形缝的最大允许沉降差值应符合设计规定，设计无规定时，不应大于 30mm。当计算沉降值大于 30mm 时，应采取特殊措施。

（2）沉降变形缝的宽度宜为 20～30mm。伸缩变形缝的宽度宜小于此值。

（3）变形缝处的混凝土结构厚度不应小于 300mm。

（4）缝底应设置与嵌缝材料无粘结力的背衬材料或遇水膨胀止水条。

（5）变形缝嵌缝施工时，缝内两侧应平整、清洁、无渗水；封内应设置与嵌缝材料无粘结力的背衬材料，嵌缝应密实。

（6）变形缝的设置位置应使拱圈、边墙和仰拱在同一里程上贯通。

3.5　止水带、止水条施工

3.5.1　施工工艺

止水带的安装工艺流程如图 7-13 所示。止水带的搭接要注意：①橡胶止水带：采用热压机硫化搭接胶合和冷粘接，接头处应平整光洁，抗拉强度不低于母材的80%；采用以冷接法专用黏结剂连接时，搭接长度不得小于20cm，黏结剂涂刷应均匀并压实。采用热压机硫化搭接胶合时搭接长度不得小于10cm；②钢边止水带：中间橡胶板用热压机硫化搭接胶合，接好后，两侧钢边用铆钉将其搭接固定。

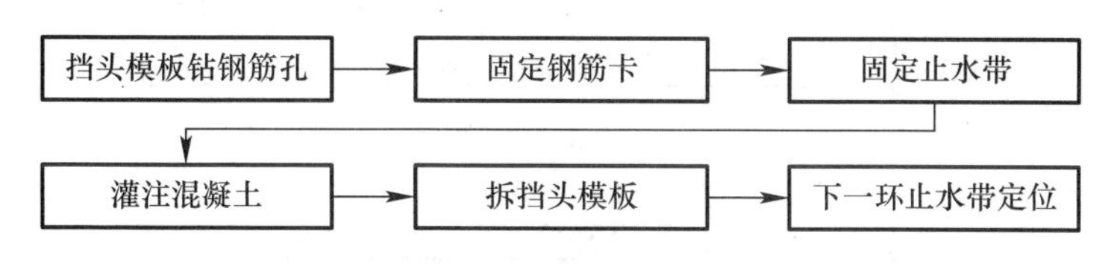

图7-13　止水带安装工艺流程

3.5.2　施工控制要点

（1）止水带：①止水带埋设位置应正确，其中间空心圆环应与变形缝的中心线重合；止水带定位时，应使其在界面部位保持平展，防止止水带翻滚、扭结。②止水带先施工一侧混凝土时，其端头模板应支撑牢固，严防漏浆。③止水带的接头应连接牢固，宜设在距铺底面不小于300mm的边墙上。④止水带在转弯处应做成圆弧形，橡胶止水带的转角半径不应小于200mm，钢片止水带不应小于300mm，且转角半径应随止水带的宽度增大而相应增大。⑤不得在止水带上穿孔打洞固定止水带。⑥加强混凝土振捣控制，排除止水带底部气体，且止水带不能偏位和损坏，见图7-14。

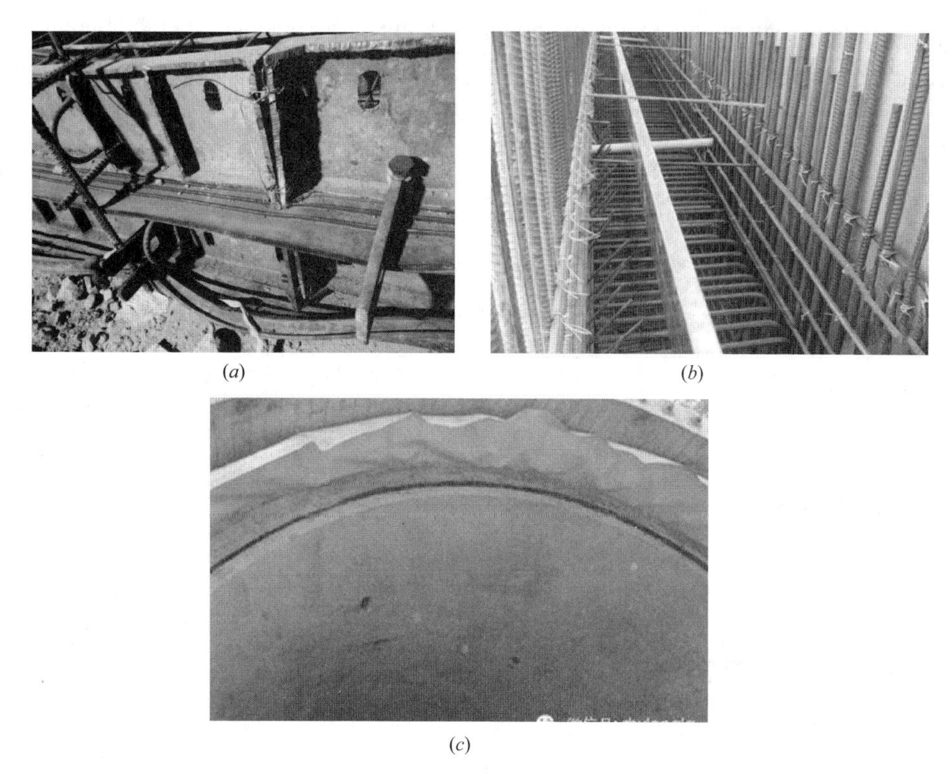

图7-14　止水带安装

(*a*) 仰拱止水带安装；(*b*) 纵向接缝止水带安装；(*c*) 二衬止水带安装

（2）止水条：①挡头板制作时应考虑预留安装止水条的浅槽。②拆除混凝土模板后，凿毛施工缝，用钢丝刷清除界面上的浮碴，并涂 2～5mm 厚的水泥浆，待其表面干燥后，用配套的胶粘剂或水泥钉固定止水条，再浇注下一环混凝土。③止水条走位后至浇筑下一环混凝土前，尽量避免被水浸泡，必要时加涂缓膨剂，防止其提前膨胀。④振捣混凝土时，振捣棒不得接触止水条，见图 7-15。

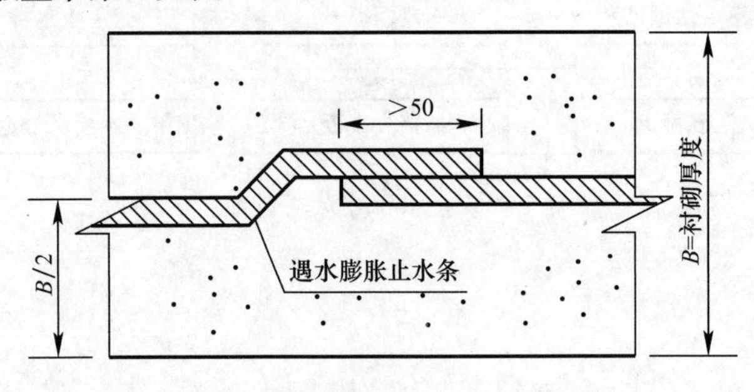

图 7-15　遇水膨胀止水条搭接示意

4　质量检验标准

4.1　防水层

4.1.1　基本要求

（1）防水材料的质量、规格、性能等必须符合设计和规范要求。

（2）防水卷材铺设前要对喷射混凝土基面认真地检查，不得有钢筋、突出的管件等尖锐突出物；割除尖锐突出物后，割除部位用砂浆抹平。

（3）隧道断面变化处或转弯处的阴角应抹成半径不小于 50mm 的圆弧。

（4）防水层施工时，基面不得有明水，如有明水，应采取措施封堵或引排。

4.1.2　实测项目

防水层实测项目　　**表 7-1**

项次	检查项目		规定值或允许偏差	检查方法和频率	权值
1	搭接宽度（mm）		≥100	尺量：全部搭接均要检查，每个搭接检查 3 处	2
2	缝宽（mm）	焊接	两侧焊缝宽≥25	尺量：每个搭接检查 5 处	2
		粘接	粘缝宽≥50		
3	固定点间距（mm）		符合设计要求	尺量：检查总数的 10%	1

4.1.3　外观鉴定

（1）防水层表面应平顺，无折皱、无气泡、无破损等现象，与洞壁密贴，松紧适度，无紧绷现象。

（2）接缝、补眼粘贴密实饱满，不得有气泡、空隙。

4.2　止水带

4.2.1　基本要求

（1）止水带的材质、规格等应满足设计和规范要求。

（2）止水带的衬砌端头模板应正交。

4.2.2 实测项目

止水带实测项目 **表 7-2**

项次	检查项目	规定值或允许偏差	检查方法和频率	权值
1	纵向偏离（mm）	±50	尺量：每环 3 处	1
2	偏离衬砌中心（mm）	≤30	尺量：每环 3 处	1

4.2.3 外观鉴定

（1）发现破裂应及时修补。

（2）衬砌脱模后，若发现因走模致使止水带过分偏离中心，应适当凿除或填补部分混凝土，对止水带进行纠偏。

第八章　二次衬砌施工工艺标准

1　工艺概述

隧道衬砌要遵循“仰拱超前、墙拱整体衬砌”的原则。仰拱施作完成后，利用多功能作业平台人工铺设防水板、绑扎钢筋，采用液压整体式衬砌台车进行二次衬砌浇注，混凝土在洞外采用拌合站集中拌合，用混凝土搅拌运输车运至洞内，并由输送泵泵送入模。主要的施工工序包括：钢筋绑扎、台车就位、模板安装、二次衬砌浇筑及拆模养护。

2　工序流程

二次衬砌施工工序流程见图 8-1。

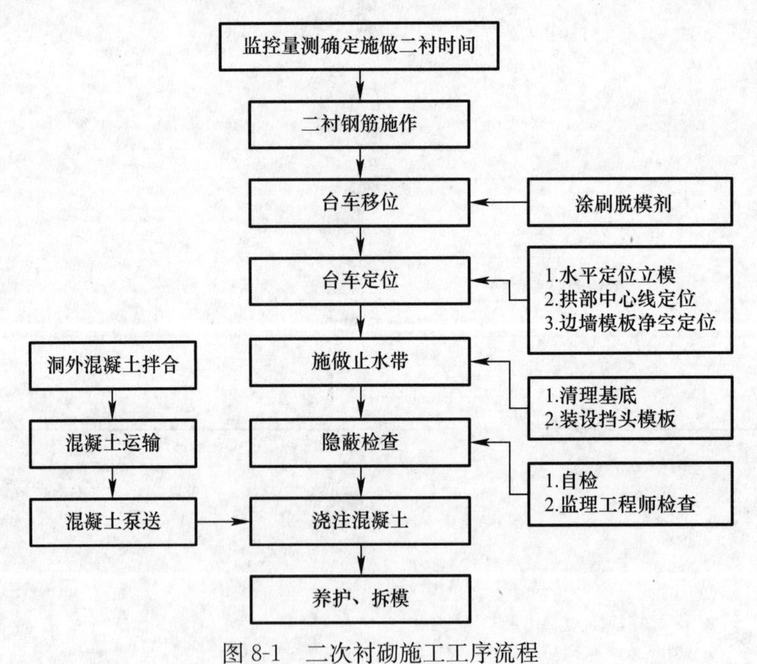

图 8-1　二次衬砌施工工序流程

3　施工工艺及控制要点

3.1　施工准备

3.1.1　技术准备

（1）在灌筑衬砌混凝土之前，要进行隧道中线和水平测量，检查开挖断面，放线定位台车和预留孔洞等准备工作。

（2）断面测量：测量开挖断面是否符合设计要求，欠挖部分按规范要求进行修凿，并作好断面检查记录。对墙角地基标高进行复测，检查墙角标高是否开挖至设计标高。

（3）放线定位：根据隧道中线和标高及断面设计尺寸，把隧道中心线在实地上测设标定出来，严格控制台车所在的平面和高程，确保隧道设计净空，见图 8-2。

(*a*)

(*b*)

图 8-2　二次衬砌施工测量

（*a*）全站仪；（*b*）放线定位

（4）确定混凝土配合比、抗渗性、强度，见图 8-3。

(*a*)

(*b*)

图 8-3　试验检测

（*a*）试块制作；（*b*）混凝土坍落度试验

3.1.2　现场准备

（1）二衬台车定型及制作一般要求：

1）为保证衬砌净空，模板外径应考虑变形量适当扩大，作为预留沉降量。

2）两车道二次衬砌台车面板钢板厚应不小于 10mm；三车道隧道二次衬砌台车面板钢板厚应不小于 12mm；四车道的二次衬砌台车必须经过计算，邀请有关专家研究审查后定制。为减少二次衬砌模板间痕透，外弧模板每块钢板宽度推荐采用 2m，但不应小于 1.5m，板间接缝按齿口搭接或焊接打磨。

3）模板台车侧壁作业窗宜分层布置，层高不宜大于 1.5m，每层宜设置 4～5 个作业窗，其净空不宜小于 45cm×45cm。作业窗周边应加强，防止周边变形，窗门应平整、严密、不漏浆。如图 8-4。

4）次衬砌台车的长度应根据隧道的平面曲线半径、纵坡合理选择，长度一般为 10～12m，对曲线半径小于 1200m 的台车长度不应大于 9m。

（2）二次衬砌作业区段的照明、供电、供水、排水系统满足衬砌正常施工要求，隧道内通风条件良好。

（3）防水板和纵环向盲沟施工完毕，且验收合格。

（4）衬砌台车打磨验收：

1）衬砌台车进场后应组织相关人员会同监理工程师共同对衬砌台车进行验收，重点检查设计尺寸是否准确、焊缝是否饱满、液压装置是否良好，窗口设置是否合理。

2）台车进场后要进行全面打磨，确保面板平整，重点是接缝和窗口部位。打磨完成后涂刷隔离剂。

（5）测量仪器精度满足要求，准确测量使衬砌台车定位，保证衬砌台车中线与隧道中线一致，拱墙模板成型后固定，衬砌台车调试运转正常，见图 8-4。

图 8-4　台车验收、定位

(a) 台车验收；(b) 接缝及窗口位置打磨

3.2　仰拱施工

3.2.1　工艺流程

仰拱施工工艺流程如图 8-5 所示。

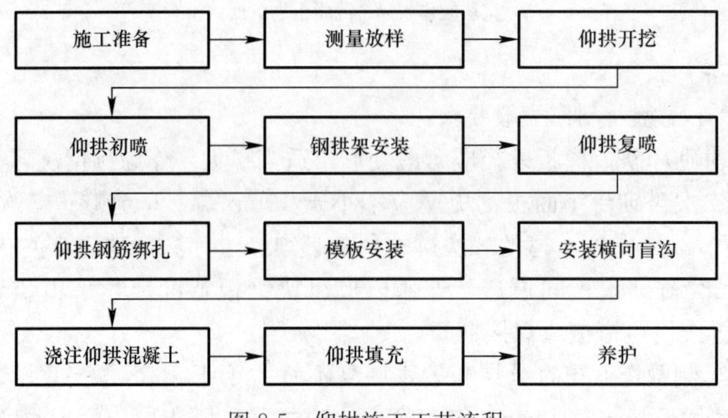

图 8-5　仰拱施工工艺流程

3.2.2 施工控制要点

（1）开挖

1）隧道设有仰拱时，应及时安排施工，使支护结构尽早闭合。仰拱与掌子面的距离要求：Ⅴ级围岩不大于35m，Ⅳ围岩不大于50m。

2）仰拱施工应采用栈桥全断面一次浇筑成型，严禁左右半幅分次浇筑。

3）Ⅴ级围岩仰拱纵向一次开挖长度宜控制在2榀钢拱架距离内，一次混凝土浇筑长度不应大于5m，Ⅳ围岩仰拱纵向一次开挖长度宜控制在3榀钢拱架距离内，一次混凝土浇筑长度不应大于8m。

4）隧道底两隅与侧墙连接处应平顺开挖，避免引起应力集中。边墙钢架底部杂物应清理干净，保证与仰拱钢架连接良好。

5）仰拱或底板开挖完成后应及时清除积水、杂物、虚渣等。

（2）初期支护

1）仰拱开挖完成后，应及时进行仰拱初期支护施工。

2）初期支护混凝土强度、厚度、钢架加工安装质量等应符合设计及规范要求。

3）仰拱每次开挖长度应严格控制，Ⅴ级围岩每次不大于3m，Ⅳ级围岩每次不大于6m。

4）仰拱钢架应于边墙钢架连接牢固。

5）当设计无仰拱初期支护时，宜先施作混凝土封底，形成良好的作业面，以利于进行仰拱钢筋安装、立模等作业，见图8-6。

(*a*)

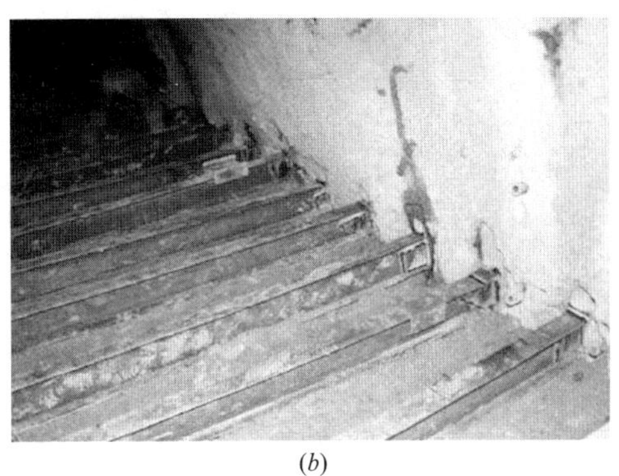

(*b*)

图8-6 仰拱初期支护施工

（*a*）仰拱钢架安装；（*b*）仰拱钢架与边墙钢架连接

（3）仰拱钢筋

1）仰拱钢筋需在钢筋加工厂集中加工，统一配送至作业现场。

2）仰拱钢筋的安装应符合设计及规范要求。仰拱两侧二次衬砌边墙部位的预埋钢筋伸出长度应满足和二次衬砌环向钢筋焊接要求，且将接头错开，使同一截面的钢筋接头数不大于50%。

3）仰拱钢筋的绑扎应采用定位架施作，保证钢筋的层距和间距符合要求，层距宜通过焊接定位钢筋固定，见图8-7。

4）模板安装及混凝土施工

① 仰拱和底板混凝土施工前应清除积水、杂物等。

(*a*)　　(*b*)

图 8-7　仰拱钢筋绑扎

(*a*) 仰拱钢筋安装；(*b*) 仰拱钢筋检查

② 仰拱应在边墙结合处安装弧形模板，保证仰拱浇筑弧线满足设计要求。

③ 仰拱与填充层应分开施工，先按设计完成仰拱混凝土施工，待混凝土强度达到70％以上，再进行填充层混凝土施工。

④ 仰拱和底板的施工缝合变形缝应按设计要求进行防水处理。

⑤ 仰拱和底板的混凝土强度达到设计强度后方可允许车辆通行，见图 8-8。

(*a*)　　(*b*)

(*c*)　　(*d*)

图 8-8　仰拱模板安装及浇筑

(*a*) 仰拱模板安装；(*b*) 预留中心水沟仰拱模板；

(*c*) 仰拱栈桥辅助施工；(*d*) 仰拱基底清理

3.3 二次衬砌施工时间确定

二次衬砌应在围岩和初期支护变形基本稳定后施作，特殊条件下（如松散堆积体、浅埋地段）的二次衬砌应在初期支护完成后及时施作。如在高地应力软弱围岩、膨胀岩等可能产生大变形，且变形长期不能趋于稳定的不良地质隧道，二次衬砌可提前施做，衬砌结构应有足够的强度和刚度。

变形基本稳定时应符合下列条件：

（1）隧道周边变形速率明显趋于减缓；

（2）拱脚水平收敛小于 0.2mm/d，拱顶下沉收敛速度小于 0.15mm/d；

（3）施做二次衬砌前的累计位移值，已达极限相对位移值的 90%以上；

（4）初期支护表面裂隙不再继续发展。

3.4 二次衬砌钢筋

3.4.1 工艺流程

二次衬砌钢筋施工流程见图 8-9。

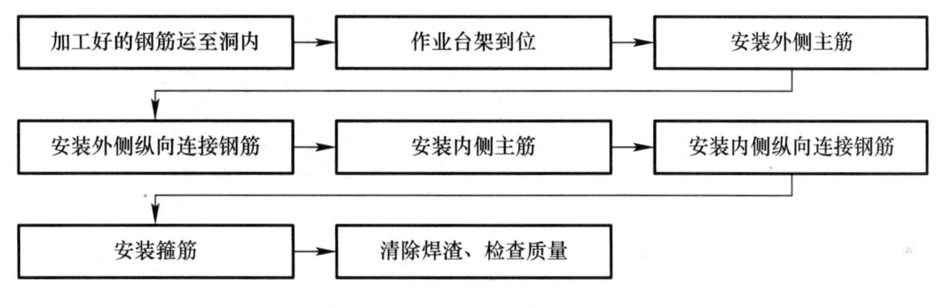

图 8-9 二衬钢筋施工流程

3.4.2 施工控制要点

（1）钢筋定位

钢筋制作必须按设计轮廓进行大样定位，如图 8-10。为确保二衬钢筋定位准确和钢筋保护层厚度符合要求，需采取以下措施：

1）先由测量人员用坐标放样在调平层及拱顶防水层上定出自制台车范围内前后两根钢筋的中心点，确定好法线方向，确保定位钢筋的垂直度及与仰拱预留钢筋连接的准确度。钢筋绑扎的垂直度采用三点吊垂球的方法确定。

2）用水准仪测量调平层上定位钢筋中心点标高，推算出该里程处圆心与调平层上中心点的高差，采用自制三脚架定出圆心位置（自制三脚架如图 8-10 所示）。

3）圆心确定后，采用尺量的方法检验定位钢筋的尺寸是否满足设计要求，对不满足要求位置重新进行调整，全部符合要求后固定钢筋。钢筋固定采用自制台车上由钢管焊接的可调整的支撑杆控制（如图 8-11）。

4）定位钢筋固定好后，根据设计钢筋间距在支撑杆上用粉笔标出环向主筋布设位置，在定位钢筋上标出纵向分布筋安装位置，然后开始绑扎此段范围内钢筋。各钢筋交叉处均应绑扎，见图 8-10、图 8-11。

(*a*)

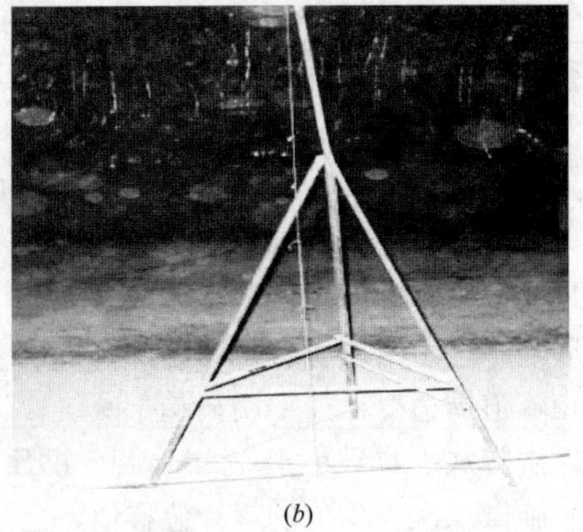

(*b*)

图 8-10　钢筋定位

(*a*) 衬砌钢筋放大样定位；(*b*) 自制三脚架

图 8-11　可调整的支撑

(2) 钢筋绑扎

1) 二次衬砌钢筋的安装应采用定位台架，保证钢筋间距。两层主筋之间应采用定位筋保证层距。

2) 钢筋保护层应采用同二次衬砌混凝土强度的混凝土垫块，规格宜为 5cm×5cm（长×宽），厚度为保护层厚度。垫块在钢筋上固定牢固，拱顶 90°范围垫块间距为 1m×1m，边墙垫块间距为 1.5m×1.5m，呈梅花形布置。

3) 横向钢筋与纵向钢筋的每个节点均必须进行绑扎或焊接。

4) 钢筋焊接搭接长度应满足设计及规范要求，受力主筋的搭接应采用焊接，焊接搭接长度及焊缝应规范要求。

5) 相邻主筋搭接位置应错开，错开距离不应小于 1000mm。

6) 箍筋连接点应在纵横向筋的交叉连接处，必须进行绑扎或焊接，见图 8-12、图 8-13。

3.5　预留洞室和预埋件

(1) 拱顶注浆孔根据设计要求进行预埋，但每板不少于两根。预埋件安装应满足规范要求。

(2) 预留洞室模板及预埋件在钢筋混凝土衬砌地段，宜固定在钢筋骨架上；在无筋衬砌地段采取在衬砌台车模板上钻孔，用螺栓固定。

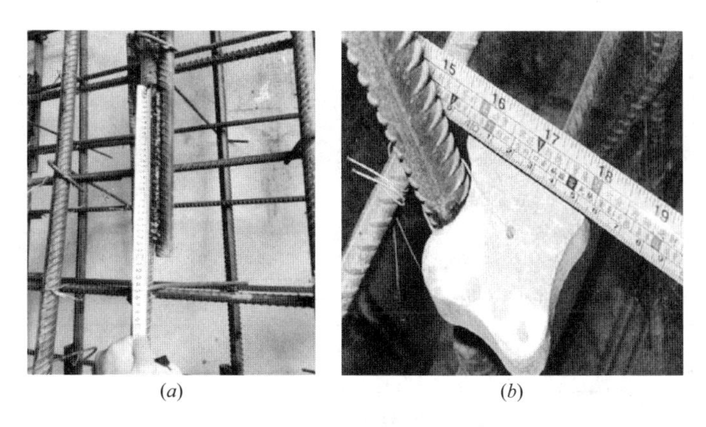

(*a*)　　　　(*b*)

图 8-12　二次衬砌钢筋施做

（*a*）钢筋焊接长度检查；（*b*）保护层垫块

(*a*)　　　　(*b*)

图 8-13　二次衬砌钢筋施工效果

（*a*）二衬钢筋施工；（*b*）钩筋施工

（3）预留洞室模板宜采用钢模，承托上部混凝土重量时应加强支撑、确保混凝土成型质量合格，见图 8-14。

(*a*)　　　　(*b*)

图 8-14　预埋注浆孔及预留洞室

（*a*）拱顶预留注浆孔；（*b*）预留洞室模板固定

3.6 模板台车就位

3.6.1 工艺流程

模板台车就位工艺流程如图 8-15。

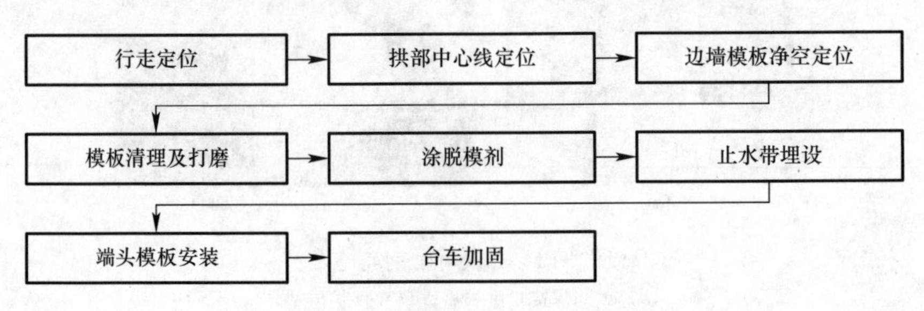

图 8-15　模板台车就位工艺流程

3.6.2 施工控制要点

（1）测量放线。恢复隧道中线及高程，以指导台车正确的行走方向及定位，模板台车行走轨道的中线和轨面标高误差应不大于±10mm。

（2）模板台车清理。模板台车浇注混凝土前必须进行处理，清除表面的杂物及灰尘，检查有无破损及设备状况是否良好，如有破损必须进行修复。状况良好的模板台车均匀涂抹隔离剂，以供使用，见图 8-16。

(*a*)　　(*b*)

图 8-16　测量放线及台车打磨

（*a*）测量放线；（*b*）台车打磨、刷油

（3）模板台车就位。端头模板安装及端头止水带安装，见图 8-17。

（4）台车加固。首先将台车上下纵梁上的丝杆拧紧；当模板端头与上一板衬砌搭接不密贴时，采用模板侧向支撑千斤顶顶至与上一板衬砌混凝土密贴，再将侧模上的支撑丝杆全部拧紧，同时侧模下缘用方木或钢管进行加固。

3.6.3 质量控制要点

（1）模板台车就位前，模板正反面应均匀涂刷隔离剂。

（2）台车就位时，应准确定位台车中线及高程，检查二次衬砌厚度。

(a)

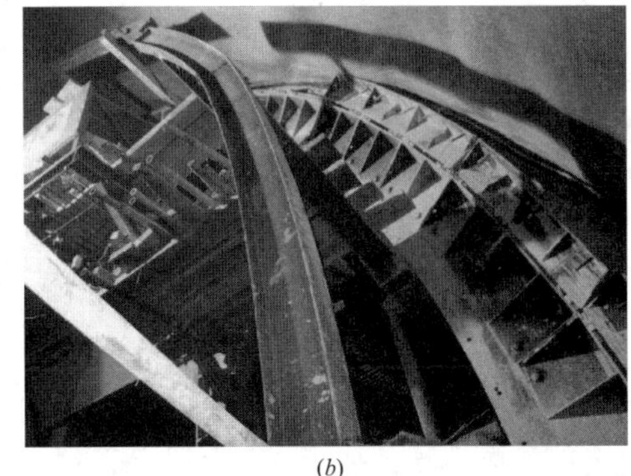
(b)

图 8-17　台车就位及模板安装

(a) 端头模板安装；(b) 端头止水带安装

(3) 台车就位后，模板接缝应填塞紧密，防止漏浆。台车面板应与已浇筑完成的二次衬砌端头紧贴，不得留有空隙，搭接长度不得超过 50cm，防止形成错台。

(4) 浇筑混凝土前，应检查油缸和支撑杆件，确保支撑牢固。

(5) 台车端部的挡头模板应按衬砌断面制作，以确保衬砌厚度，并可适当调整以适应其不规则性，其单片宽度不宜小于 300mm，厚度不小于 30mm。

(6) 挡头板应定位准确、安装牢固，其与岩壁间隙应嵌堵紧密。

(7) 挡头板顶部应留有观察小窗口，以观察封顶混凝土情况。

3.7 混凝土浇筑

3.7.1 工艺流程

混凝土浇筑施工工艺流程如图 8-18。

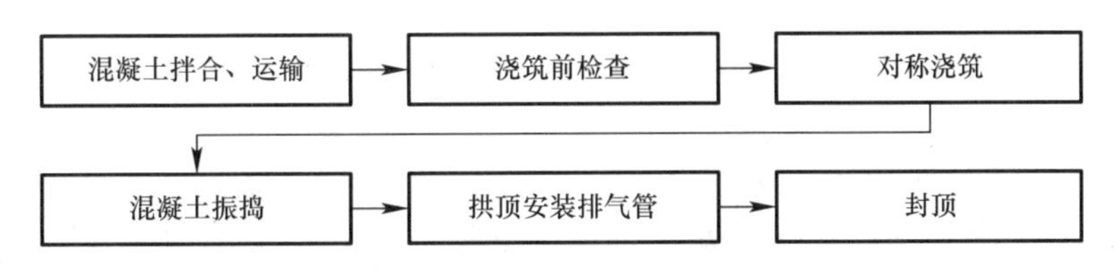

图 8-18　混凝土浇筑工艺流程

(1) 浇筑前检查

1) 复查台车模板及中心高是否符合要求，仓内尺寸是否符合要求。

2) 隔离剂是否涂抹均匀，模板接缝是否填塞紧密。

3) 预埋件、预留洞室等位置是否符合要求。

4) 输送泵接头是否密闭，机械运转是否正常。

5) 输送管道布置是否合理，接头是否可靠。

(2) 混凝土拌合

1) 拌制混凝土时严格按照试验室提供的施工配合比进行配料。

2) 强制式搅拌机混凝土搅拌时间不少于 3min。

（3）混凝土运输

混凝土运输用混凝土罐车将混凝土从拌合站运送到浇筑点，搅拌罐不能停转，防止混凝土离析。

（4）混凝土浇筑

1）混凝土的入模温度应视洞内温度而调整。冬期施工时，混凝土的入模温度不应低于5℃；夏期施工时，混凝土的入模温度不宜高于洞内温度，且不宜超过30℃

2）对混凝土拌合物的坍落度进行测定，测定值应符合理论配合比的要求，混凝土泵送的坍落度不宜过大，以避免离析或泌水，并应对混凝土拌合物的水胶比进行测定，测定值应符合施工配合比的要求。

3）混凝土使用附着式和插入式振捣器振捣，每一位置的振捣时间，以混凝土不再显著下沉、不出气泡，并开始泛浆为准。

3.7.2 施工控制要点

（1）混凝土浇筑应采用泵送入模，浇筑过程中利用工作窗口采用插入式振动器配合附着振捣器将混凝土捣固密实。

（2）混凝土应由下至上分层、从两侧拱墙向拱顶对称浇筑。两侧混凝土浇筑面高差应控制在50cm以内，同时应合理控制混凝土浇筑速度。

（3）混凝土应尽可能直接入仓，混凝土输送管端部应加3～5m软管，控制管口与浇筑面的垂距，混凝土不得直冲防水板板面流至浇筑位置，垂距应控制在1.2m以内，以防混凝土离析。

（4）作业窗关闭前，应将窗口附近的混凝土浆液残渣及其他杂物清理干净，涂刷隔离剂。作业窗关闭时应平整严密，防止窗口部位混凝土表面出现凹凸不平及漏浆现象。

（5）混凝土浇筑过程设专人检查台车模板、支架、钢筋骨架、预埋件等结构的设置和牢固程度，发现问题应及时处理。混凝土应分层对称、边浇筑边振捣，最大下落高度不能超过2m，台车前后混凝土高差不超过0.6m，左右测混凝土高度不超过0.5m，插入式振捣棒变换位置时，应竖向缓慢拔出，不得在混凝土浇筑仓内平拖，不得碰撞模板、钢筋和预埋件，见图8-19。

(*a*)

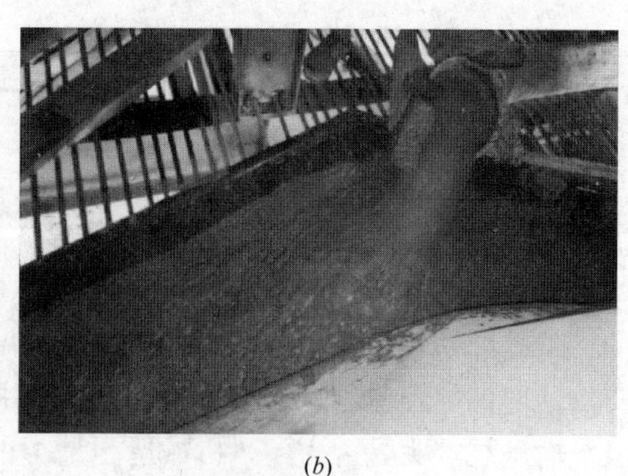

(*b*)

图8-19 混凝土浇筑

（*a*）二次衬砌混凝土浇筑；（*b*）顶部混凝土浇筑

（6）为保证拱顶混凝土灌注密实，采用封顶工艺。当混凝土浇筑面已接近顶部（以高于模板台车顶部为界限），进入封顶阶段时，为了保证空气能够顺利排除，在堵头的最上端预留两个圆孔，安装排气管，其大小以 ϕ50mm 为宜。排气管采用轻质胶管或塑料管，以免沉入混凝土之中。将排气管一端伸入舱内，且尽量靠前，以免被泵管中流出来的混凝土压住堵死，另一端即漏出端不宜过长，以便于观察。随着浇筑的继续进行，当发现有水（混凝土表层的离析水、稀浆）自排气管中流出时（以泵压不大于 0.5MPa 为宜），即说明仓内以完全充满了混凝土，立即停止浇筑混凝土，撤出排气管和泵送软管，并将挡板的圆孔堵死。

（7）拱顶预留注浆孔，注浆孔间距不应大于 5m，且每模板台车范围的预留孔应不少于 3 个。拱顶注浆填充，宜在衬砌混凝土强度达到 100%后进行，注入砂浆的强度应满足设计要求，注浆压力控制在 0.1MPa 以内。

3.7.3 拆模、养护

（1）拆模

1）不承受外荷载的拱、墙混凝土强度应达到 2.5MPa。

2）承受围岩压力的拱、墙以及封顶和封口的混凝土应达到设计强度。

3）拆模时，应根据锚固情况，分批拆除锚固连接件，防止大片模板坠落，拆模应使用专门工具，以减少对混凝土及模板的损坏。

（2）养护

1）应配备养护喷管，在拆模前冲洗模板外表面，拆模后用高压水喷淋混凝土表面，以降低水化热，见图 8-20。在寒冷地区，应做好衬砌的防寒保温工作。

2）养护时间要求：洞口 100m 养护期不少于 14d，洞身养护不少于 7d，对已贯通的隧道二衬养护期不少于 14d，见图 8-20。

(*a*)

(*b*)

图 8-20 混凝土洒水养护

（*a*）人工洒水养护；（*b*）自动喷淋洒水养护

4 质量检验标准

4.1 衬砌钢筋

4.1.1 基本要求

钢筋的品种、规格、形状、尺寸、数量、接头位置必须符合设计要求和有关标准的规定。

4.1.2 实测项目

衬砌钢筋实测项目 **表 8-1**

项次	检查项目			规定值或允许偏差	检查方法和频率
1	主筋间距（mm）			±10	尺量：每 20m 检查 5 点
2	两层钢筋间距（mm）			±5	尺量，每 20m 检查 5 点
3	箍筋间距（mm）			±20	尺量：每 20m 检查 5 处
4	绑扎搭接长度	受拉	Ⅰ级钢	30d	尺量：每 20m 检查 3 个接头
			Ⅱ级钢	35d	
		受压	Ⅰ级钢	20d	
			Ⅱ级钢	25d	
5	钢筋加工	钢筋长度（mm）		−10，+5	尺量：每 20m 检查 2 根

4.1.3 外观鉴定

无污秽、无锈蚀。

4.2 混凝土衬砌

4.2.1 基本要求

（1）所用材料的质量和规格必须满足规范和设计要求。

（2）防水混凝土必须满足设计和规范的要求。

（3）防水混凝土粗集料尺寸不应超过设计值。

（4）基底承载力应满足设计要求，对基底承载力有怀疑时应做承载力试验。

（5）拱墙背后的空隙必须回填密实。因严重超挖和塌方产生的空洞要制定具体处理方案，经批准后实施。

4.2.2 实测项目

混凝土衬砌实测项目 **表 8-2**

序号	项目	允许偏差	检查方法和频率
1	混凝土强度（MPa）	在合格标准内	按《公路工程质量检验评定标准》JTG F80/1—2017 附录 D 检查
2	衬砌厚度（mm）	不小于设计值	激光断面仪或地质雷达：每 40m 检查一个断面
3	墙面平整度（mm）	20	2m 直尺：每 40m 检查 5 处

4.2.3 外观鉴定

（1）混凝土表面密实，每延米的隧道面积中，蜂窝、麻面和气泡面积不超过 0.5%。

（2）结构轮廓线条顺直美观，混凝土颜色均匀一致。

（3）施工缝平顺无错台。

第九章　超前地质预报施工工艺标准

1　工艺概述

超前地质预报是使用钻探和现代物探等手段，探测隧道开挖面前方的地质情况，在施工前分析前方的围岩结构、性质、状态，以及地下水、瓦斯等地质信息，为施工提供指导，避免施工过程中发生涌水、瓦斯突出、岩爆、大变形等地质灾害，保证施工安全。超前地质预报按预报长度可分为长距离预报（大于200m）、中长距离预报（30～200m）和短距离预报（小于30m）。

超前地质预报的主要方法：地质分析法、钻探法、物探法和超前导坑法等。

地质分析法：包括地质素描、地层分界线及构造线、地下和地表相关性分析、地质作图等。

钻探法：包括深孔水平钻探、5～8m超前炮孔探测及孔内摄影。

物探法：包括地震波反射法、声波反射法、电磁波反射法、红外探测法等。

超前导坑法：包括平行超前导坑法、正洞超前导坑法。

2　工序流程

超前地质预报施工工作流程如图9-1。

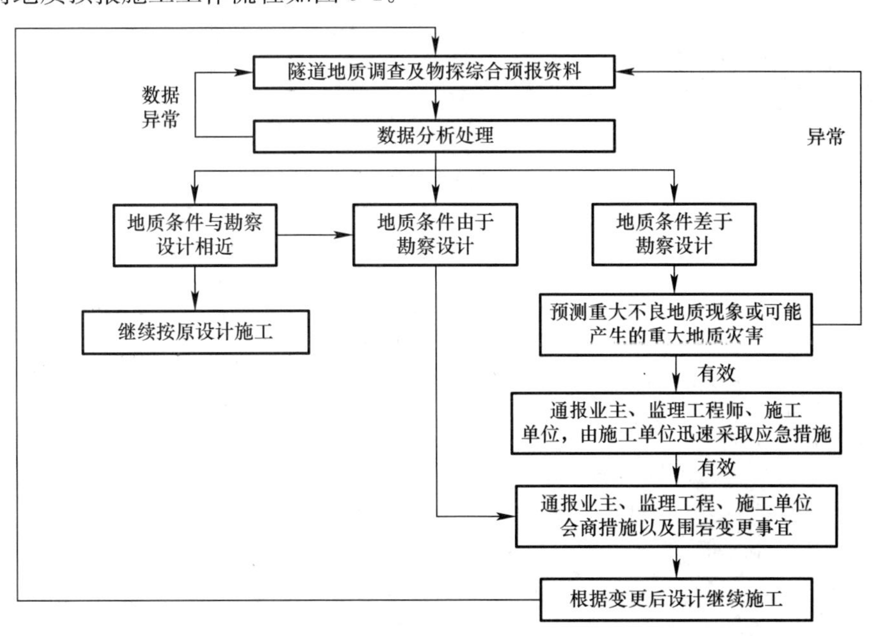

图9-1　超前地质预报工作流程

3 施工工艺及控制要点

3.1 施工准备

（1）隧道施工前应根据设计文件的地勘资料，编制地质预报方案和实施大纲，并报有关部门审查和批准后执行。

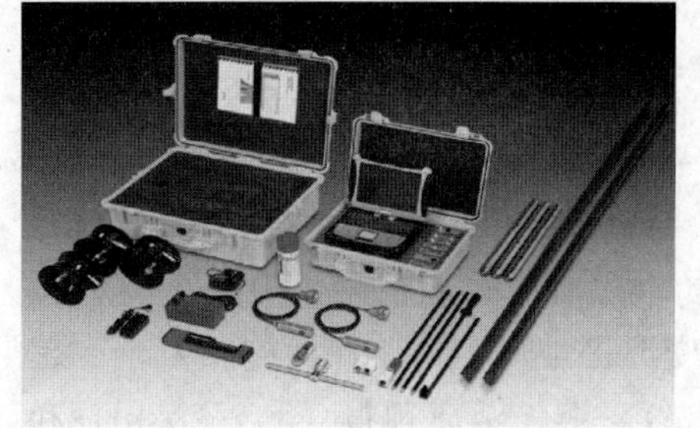

图 9-2 超前地质预报仪器

（2）做好超前地质预报作业技术交底。

（3）准确记录收集量测数据，并对数据进行分析，得出预报结果。

（4）将施工中的实际情况与量测结果对比，发现不符，立即采取其他方式进行准确量测，见图 9-2。

（5）超前地质预报设备配备参照表 9-1。

机械设备配置计划 **表 9-1**

序号	设备名称	型号规格	数量	备注
1	TRT		1套	
2	红外线探测仪	TEM447	1套	
3	地质雷达	RAMAC/GPR	1套	
4	超前水平地质钻机	YG-300	1套	
5	水平声波剖面法（HSP）探测系统		1套	
6	地质罗盘仪		1套	地质素描
7	TSP203		1套	

3.2 超前地质预报的分级

根据地危害程度，地质灾害分为 A、B、C、D 四级，其影响因素见表 9-2。

地质灾害分级影响因素 **表 9-2**

地质灾害分级		A	B	C	D
		严重	较严重	一般	轻微
地质复杂程度（含物探异常）	岩溶发育程度	极大型溶洞、暗河发育，岩溶密度每公里>15个，最大泉流量>50L/s，钻孔岩溶率>10%	强烈，中厚层灰岩夹白云岩，地表溶洞落水洞密集、地下以管道水为主，岩溶密度每平方公里5～15个，最大泉流量10～50L/s，钻孔岩溶率5%～10%	中灰岩，地表出现溶洞，岩溶密度每平方公里1～5个，最大泉流量5～10L/s，钻孔岩溶率2%～5%	微弱，不纯灰岩与碎屑岩互层，地表地下以溶隙为主，最大泉流量<5L/s，钻孔岩溶率<2%
	涌水涌泥程度	特大突水（涌水量>$1\times10^5m^3/d$）、大型突水（涌水量$1\times10^4\sim1\times10^5m^3/d$）、突泥，高水压	中小型突水（涌水量$1\times10^3\sim1\times10^4m^3/d$）、突泥	小型涌水（涌水量$1\times10^2\sim1\times10^3m^3/d$）、涌泥	涌水量<$1\times10^2m^3/d$，涌突水可能性极小

续表

地质灾害分级		A	B	C	D
		严重	较严重	一般	轻微
地质复杂程度（含物探异常）	断层稳定程度	大型断层破碎带、自稳能力差、富水，可能引起大型失稳坍塌	中型断层带，软弱，中～弱富水，可能引起中型坍塌	中小型断层，弱富水，可能引起小型坍塌	中小型断层，无水，掉块
	地应力影响程度	极高应力，严重岩爆（拉森斯判据 <0.083，即岩石点荷载强度与围岩最大切向应力的比值），大变形	高应力，中等岩爆（拉森斯判据 0.083～0.15），中～弱变形	弱岩爆（拉森斯判据 0.15～0.20），轻微变形	无岩爆（拉森斯判据 $>$ 0.20），无变形
	瓦斯影响程度	瓦斯突出：瓦斯压力 $P \geq 0.74$MPa，瓦斯放散初速度 ≥ 10，煤的坚固性系数 $f \leq 0.5$，煤的破坏类型为Ⅲ类及以上	高瓦斯：全工区的瓦斯涌出量 $\geq 0.5m^3/min$	低瓦斯：全工区的瓦斯涌出量 $<0.5m^3/min$	无
地质因素对隧道施工影响程度		危及施工安全可能造成重大安全事故	存在安全隐患	可能存在安全问题	局部可能存在安全问题
诱发环境问题的程度		可能造成重大环境灾害	施工、防治不当，可能诱发一般环境问题	特殊情况下可能出现一般环境问题	无

复杂地质的预测、预报应坚持隧道洞内探测与洞外地质勘探相结合，地质方法与物探方法相结合，辅助导坑与主洞探测相结合，并贯穿于施工全过程。

不同地质灾害级别的预报方式可采用：

（1）1 级预报可用于 A 级地质灾害。采用地质分析法、地震波反射法、超声波反射法、地质雷达法、瞬变电磁法、红外探测法、超前水平钻探法等进行综合预报。

（2）2 级预报可用于 B 级地质灾害。采用地质分析法、地震波反射法、超声波反射法，辅以地质雷达法、瞬变电磁法、红外探测法，必要时进行超前水平钻孔。

（3）3 级预报可用于 C 级地质灾害。以地质分析法为主。对重要地质（层）界面、断层或物探异常地段宜采用地震波反射法或超声波反射法进行探测，必要时采用红外探测法和超前水平钻孔。

（4）4 级预报可用于 D 级地质灾害。采用地质分析法。

3.3 超前地质预报主要方法

超前地质预报工作及采用的方法宜按表 9-3 的步骤及顺序实施，但必须满足设计要求。

超前地质预报工作及方法的步骤及顺序 **表 9-3**

步骤	满足条件之一的隧道或地段	主要方法	辅助方法
第一步	所有隧道全过程	地质调查法	
第二步	1. 全程实施超前地质预报的隧道； 2. 设计标示的需进行超前地质预报的地段； 3. 通过地质调查法推断的不良地质地段； 4. Ⅳ、Ⅴ级围岩地段； 5. 监理工程师认为有必要的地段	弹性波反射法	富水地段应辅助高分辨直流电法
第三步	通过第二步推断的以下不良地质地段： 1. 断层破碎带地段； 2. 软弱夹层地段； 3. 岩溶地段； 4. 瓦斯地段； 5. 含水围岩地段； 6. 监理工程师认为有必要的其他不良地质地段	地质雷达法	含水地段辅助红外探测法
第四步	通过第三步推断的以下不良地质地段： 1. 软弱夹层地段； 2. Ⅴ级围岩地段； 3. 监理工程师认为有必要的其他不良地质地段	炮孔加长探测法	
	通过第三步推断的以下不良地质地段： 1. 富水软弱断层破碎带； 2. 富水岩溶发育区； 3. 煤层瓦斯发育区； 4. 重大物探异常区； 5. 监理工程师认为有必要的其他不良地质地段	超前地质钻探法	

3.3.1 地质调查法

（1）地质调查法适用于各种地质条件下隧道的超前地质预报，应在隧道施工全过程进行，为隧道施工地质预报提供基础地质资料。

（2）地质调查法包括隧道地表补充地质调查和隧道内地质素描等。

（3）隧道地表补充地质调查应包括下列主要内容：

1）对已有地质勘察成果的熟悉、核查和确认；

2）地层、岩性在隧道地表的出露及接触关系，特别是对标志层的熟悉和确认；

3）断层、褶皱、节理密集带等地质构造在隧道地表的出露位置、规模、性质及其产状变化情况；

4）地表岩溶发育位置、规模及分布规律；

5）煤层、石膏、膨胀岩、含石油天然气、含放射性物质等特殊地层在地表的出露位置、宽度及其产状变化情况；

6）人为坑洞位置、走向、高程等，分析其与隧道的空间关系；

7）根据隧道地表补充地质调查结果，结合设计文件、资料和图纸，核实和修正超前地质预报重点区段。

（4）隧道内地质素描是将隧道所揭露的地层岩性、地质构造、结构面产状、地下水出露点位置及出水状态、出水量、煤层、溶洞等准确记录下来并绘制成图表。

（5）隧道地表补充地质调查应在实施洞内超前地质预报前进行，并在洞内超前地质预报实施过程中根据需要随时补充，现场应做好记录，并于当天及时整理。

3.3.2 弹性波反射法

（1）测试方法

常用的弹射波反射法有水平声波剖面法（HSP）和地震波反射法（TSP）等。

1）水平声波剖面法（HSP）

方法一：在开挖工作面后方两侧墙角位置分别布设发射钻孔和接收钻孔的方式。在开挖工作面后方两侧边墙角位置，等间距各布置一排5～12个钻孔，孔深1～1.5m；一侧钻孔用作声波发射，采用电火花发射源或炸药进行声波发射，与孔壁耦合严密，使用炸药时药量应在50g左右，最大不超过75g；另一侧钻孔中安设接收检波器、采用水做耦合剂，接收由声波发射源发射经过隧道底围岩到达的直达波和经过隧道开挖工作面前方界面反射回来的声波信号；利用直达波速度和反射波走时计算确定开挖工作面前方反射界面距开挖工作面的距离。

方法二：在开挖工作面上布设发射点与接收点的方式。在开挖工作面上布设3～7个测区，原则上交错布置，每测区布置1～3对测点，采取一发一收或一发三收的方式；在发射检波器与接收检波器的延长线、靠发射检波器的外侧，采用大锤敲击木桩以激发声波信号。利用开挖工作面上测得的岩体声波纵波速度和反射波走时计算确定开挖工作面前方反射界面距开挖工作面的距离，见图9-3。

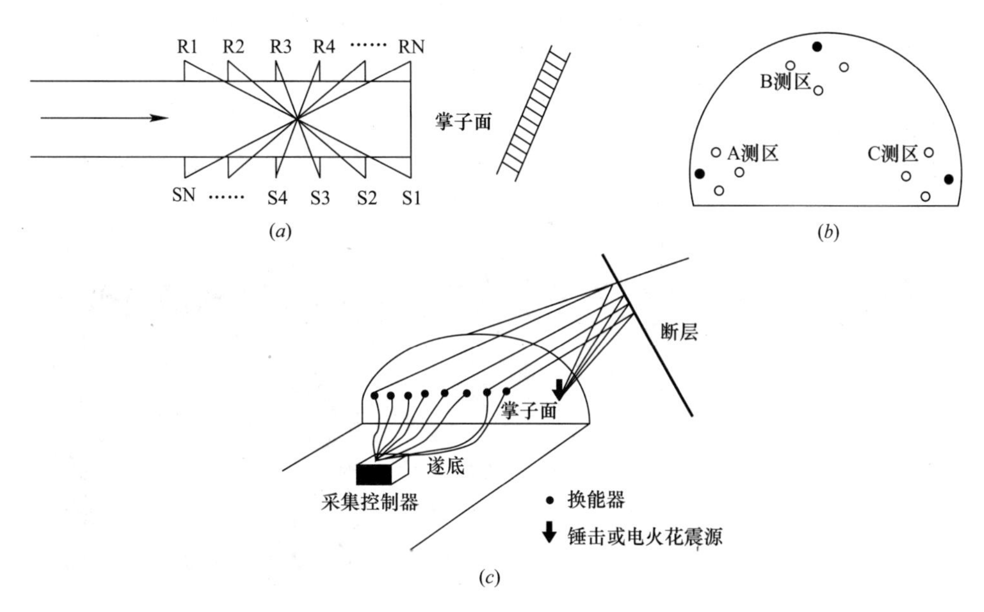

图9-3 HSP观测系统示意

（*a*）探测布置方式一；（*b*）探测布置方式二；（*c*）观测系统示意

2）地震波反射法（TSP）

根据计划，提前做好测试准备，并提前24h书面通知施工单位做好TSP预报的钻孔配合工作。现场共需在边墙施做26个钻孔，由施工单位提前施做，钻孔工作一般需3～4个小时，在仪器到场前施做完成。现场预报测试过程包括仪器设备安装连接、现场参数测量记录、仪器调试及 24 炮点逐个引爆和数据采集，共需时间约 2h。从起爆到反射信号被接收的这段时间是与反射面的距离成比例的。通过反射时间与地震波传播速度的换算就可以将反射面的位置、与隧道轴线的夹角以及与隧道掘进面的距离确定下来，同时将隧道中存在的岩性变化带的位置方便地探测出来，见图 9-4。

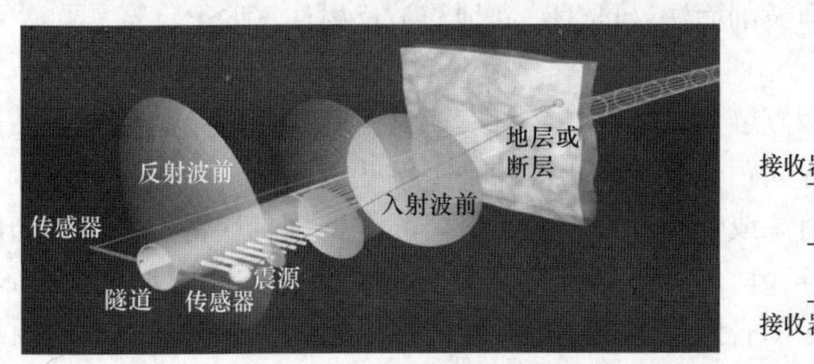

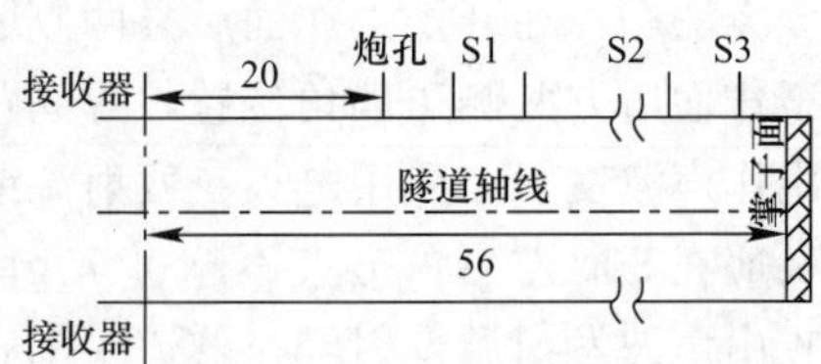

图 9-4　观测系统示意（单位：m）

（2）测试要点

1）适用于预报地层特征、地层界线、地质构造及探测不良地质体的厚度和范围。

2）应配备具有一定专业知识和经验的人员，以提高探测的准确度。

3）HSP 每次探测距离 50～70m，TSP 每次探测距离 100～150m，连续探测搭接长度不小于 5m，见图 9-5、图 9-6。

图 9-5　TSP-203 测试

3.3.3　地质雷达法

（1）测试方法

地质雷达利用超高频窄脉冲电磁波反射探测不同介质分界面的一种勘测方法。基本原理是：发射机通过发射天线发射中心频率为 12.5～1200M、脉冲宽度为 0.1ns 的脉冲电磁波讯号。当这一讯号在岩层中遇到探测目标时，会产生一个反射讯号。直达讯号和反射讯

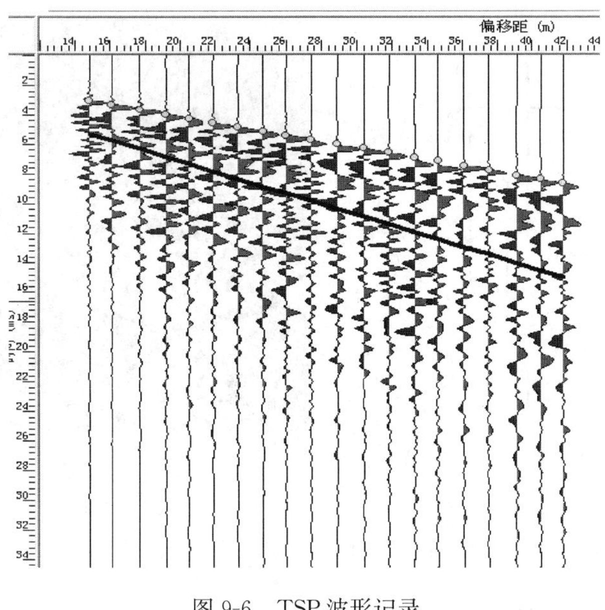

图 9-6　TSP 波形记录

号通过接收天线输入到接收机，放大后由示波器显示出来。根据示波器有无反射讯号，可以判断有无被测目标；根据反射讯号到达滞后时间及目标物体平均反射波速，可以大致计算出探测目标的距离。

同时地质雷达用于隧道底部、边墙、隧顶外或其他出水部位可能隐伏岩洞穴的探测，效果较好。地质雷达用于隧道底部、边墙、隧顶外或其他出水部位可能隐伏岩溶洞穴的探测，效果较好。

（2）测试要点

1）地质雷达法主要用于岩溶探测，亦可用于断层破碎带、软弱夹层等不均匀地质体的探测。

2）隧址区内不应有较强的电磁波干扰；现场测试时应清除或避开测线附近的金属物等电磁干扰物；当不能清除或避开时应在记录中注明，并标出位置。

3）现场记录应注明观测到的不良地质体与地下水体的位置与规模等。

4）重点异常区应重复观测，重复性较差时应查明原因。

5）每循环探测 20～25m，连续探测搭接长度不小于 5m，见图 9-7～图 9-9。

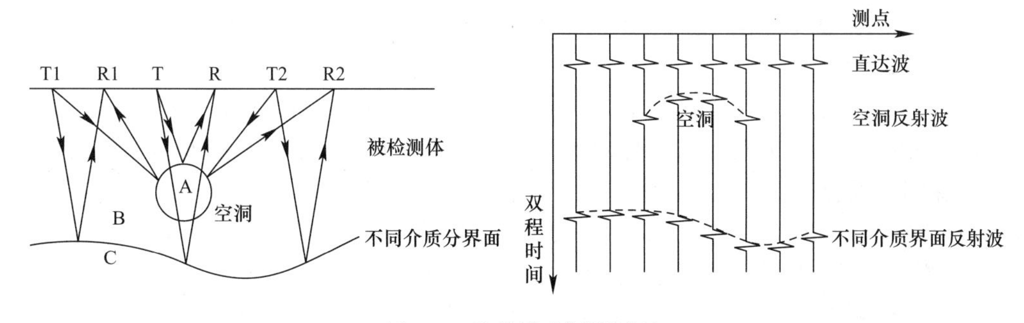

图 9-7　地质雷达探测原理

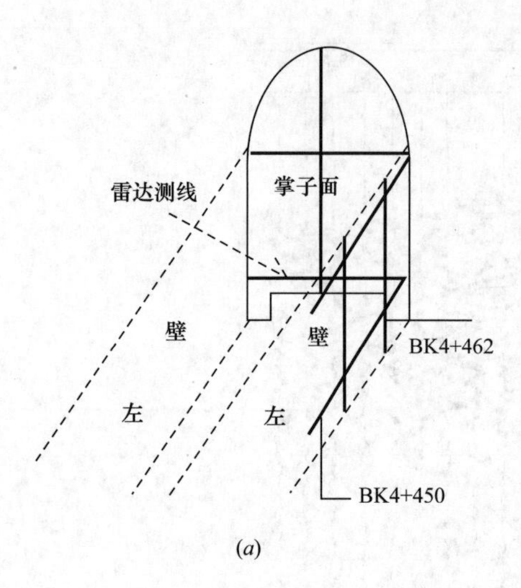

(*a*)

(*b*)

图 9-8　地质雷达测线布置示意图和现场探测照片

（*a*）地质雷达测线布置示意图；（*b*）现场探测照片

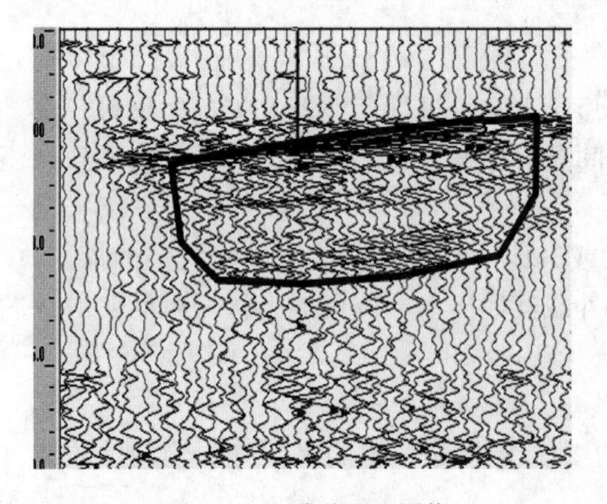

图 9-9　地质雷达法图像

3.3.4　红外探测法

（1）测试方法

地质体（如含水体）每时每刻都在向外部发射红外能量，并形成红外辐射场。地质体由内向外发射红外辐射时，必然会把地质体内部的信息以红外电磁场的形式传递出来。红外探测法就是通过接收和分析红外辐射信号进行超前地质预报的一种物探方法。

采用 HW-304 型红外线探测仪探测隧道隐伏含水构造，利用不同物体辐射场场强差异，对隧道前方的隐伏含水构造进行跟踪探测。即采用红外测温仪跟踪测量隧道开挖面的岩石温度，连续地获取岩石的温度信息，从温度异常点判断含水构造。

在各次测定完成后，立即将数据进行分析处理，按照工程平面图的比例绘制探成果图。采用图解法和电探三极装置解析法进行分析处理，算出含水构造的部位及出水面积，并最终求出含水构造至工作面的距离。根据数据处理，准确测定正常辐射场和区域背景场的 T-S 特征曲线，并以此作为超前探测隐伏含水构造体的判释标准。

（2）测试要点

1）红外线探测仪主要在 TSP-203 地震波探测仪和超前水平钻孔初步确定含水地 30m 左右开始探测，以进一步确定含水体位置、规模，但不能定量给出水量大小等参数。

2）探测时间应选在爆破及出渣完成后进行。

3）全空间全方位探测地下水体时，需在拱顶、拱腰、边墙、隧底位置沿隧道轴向布置测线，测点间距一般为 5m，发现异常时，应加密点距。

4）每次探测距离 20～25m，连续探测搭接长度不小于 5m，见图 9-10。

(a)

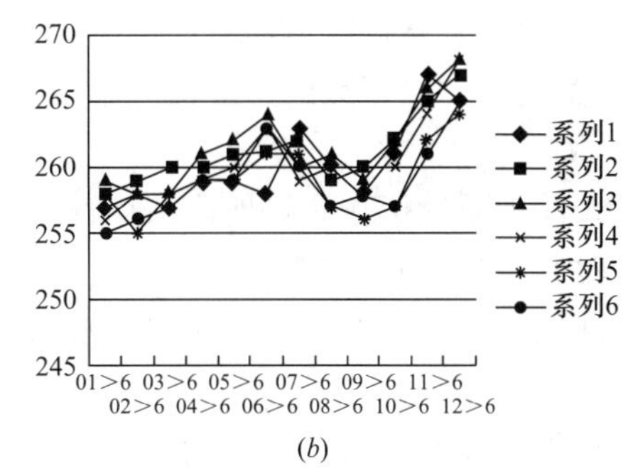

(b)

图 9-10　红外探测法

(a) HW-304 现场探测；(b) 隧道轴向各探测线上所测值曲线

3.3.5　高分辨直流电法

(1) 测试方法

高分辨直流电法是以岩石的电性差异（即电阻率差异）为基础，电流通过布置在隧道内的供电电极在围岩中建立起全空间稳定电场，通过研究电场或电磁场的分布规律预报开挖工作面前方储水、导水构造分布和发育情况的一种直流电法探测技术，该方法也称为“三极空间交汇探测法”。

高分辨直流电法现场数据采集时在隧道掌子面后方隧道底面布置测线，沿测线布设三个以上的发射电极，进行空间交汇，区分各种影响，并压制不需要的信号，突出隧道前方地质异常体的信号。

(2) 测试要点

1) 适用于探测任何地层中存在的地下水体位置及相对含水量大小，如断层破碎带、溶洞、溶隙、暗河等地质体中的地下水。

2) 每次探测距离 80～100m，连续探测搭接长度不小于 10m，见图 9-11。

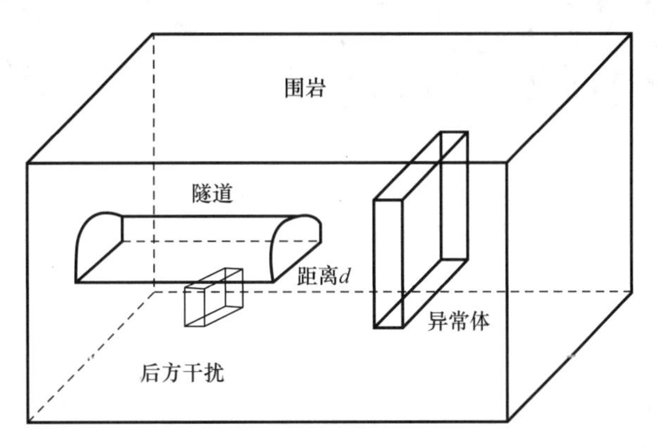

图 9-11　测线布置示意

3.3.6　超前地质钻探法

(1) 测试方法

通过超前水平钻孔岩芯的分析，进一步探明掌子面前方的隧道围岩地质状况与水文地质的具体情况，根据探孔钻进的时间、速度、压力、成分以及卡钻力、钻芯和岩性构造性质及地下水情况，掌握隧道前方的地质条件与水文条件。

这是最直观、最可靠的超前探测手段。在隧道不良地质体多的地段，实施超前钻孔。

（2）测试要点

1）超前地质钻探在一般地段采用冲击钻，复杂地质地段采用回转取芯钻，二者应合理搭配使用，提高预报准确率和钻探速度。

2）断层、节理密集带或其他破碎富水地层每循环可只钻一孔；富水岩溶发育区每循环宜钻 3～5 个孔，揭示岩溶时，应适当增加；

3）在需连续钻探时，一般每循环可钻 30～50m，必要时也可钻 100m 以上的深孔，连续预报时前后两循环钻孔应重叠 5～8m。

4）富水岩溶发育区超前钻探应终孔于隧道开挖轮廓线以外 5～8m。

5）在富水地段进行超前钻探时必须采取防突措施；测钻孔内水压时，需安装孔口管，接上高压球阀、连接件和压力表，压力表读数稳定一段时间后即可测得水压。

6）富水区隧道超前地质钻探时，发现岩壁松软、片帮或钻孔中的水压、水量突然增大，以及有顶钻等异状时，必须停止钻进，立即上报，并派人监测水情。当发现情况危急时，必须立即撤出所有受水威胁地区的人员，然后采取措施，进行处理，见图 9-12。

(*a*)

(*b*)

图 9-12　超前地质钻探

（*a*）超前水平钻孔；（*b*）探孔孔口止水

3.3.7　超前炮孔探测法

（1）测试方法

超前炮孔（即采用炮眼超前探测）利用在隧道开挖工作面上的炮眼钻孔来探测前方围岩的地质情况，在每一循环钻设炮眼时布设 3～5 个炮孔，深度 5m 以上作为探测孔。

超前炮孔探测适用于各种地质条件下隧道的超前地质探测，尤其适用于岩溶发育区。

（2）测试要点

1）孔长应较爆破孔（或循环进尺）深 3m 以上；孔径宜与爆破孔相同；孔数、孔位应根据开挖断面大小和地质复杂程度确定。

2）钻到溶洞和岩溶水时，应视情况采用超前地质钻探和其他探测手段，查明情况，确保施工安全。

3）超前炮孔探测严禁在爆破残眼中实施，见图 9-13。

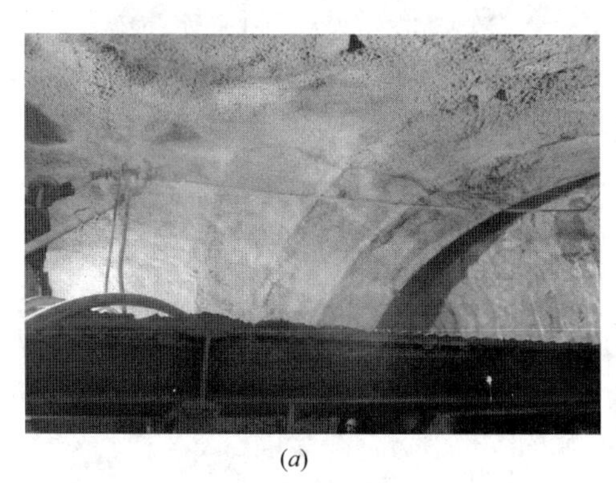

(a)

(b)

图 9-13　超前地质钻探

(a) 超前炮孔钻孔；(b) 超前炮孔检查

4　质量检验标准

地质预测、预报的频率可按下列规定执行：

(1) 地质素描，随开挖进行，每循环进行一次，包括掌子面、左右侧墙、拱顶和隧底。

(2) 超前水平孔，宜每 30～50m 循环一次。断层破碎地层每循环钻 3～5 个孔。连续预报时，前后两循环钻孔应重叠 5～8m。

(3) 地震反射波法、超声波反射法，需连续预报时，前后两次重叠长度应大于 5m。

(4) 红外探测每次预报有效探测距离宜为 10m，连续预报时，前后两次重叠长度应大于 5m。

5　安全措施

(1) 遵守隧道内的安全规定。

(2) 在现场采集数据时由于与隧道施工同时进行，测量人员应注意过往车辆。

(3) 红外采集时主机应放在支护好的地段，避免掉块损坏仪器，同时应保护好长达 400～500m 的电极线，避免被拉断。

(4) 红外探测过程中不准用仪器上的激光指向器对准别人的面部，以免激光伤害到眼睛。

(5) 钻机使用高压风、高压水，管路应连接安设牢固，并应经常检查，防止管接头脱落、管路爆裂高压风水伤人；高压电路接线应由专业电工操作，一般人员不得操作。

(6) 施钻过程中有流泥、流砂与涌水时，立即停止钻进，采取关闭孔口管等防突措施，并速报上级。

(7) 为便于控制超前钻孔揭露岩溶水时的水流及采取措施，孔口应安设孔口管和闸阀，防止水压将孔口管冲出伤人。

(8) 钻孔时，钻机前方安设挡板，防止泥沙冲出伤人。

(9) TSP203 现场采集数据使用灵敏度很高的高爆速炸药，危险性较大，应由专业爆破工操作。

(10) TSP 现场数据采集完成后剩余的炸药、雷管要如数、及时归还炸药库。

(11) 进洞应戴好安全帽、穿防高压电的雨靴，注意操作空间上方、周围有无安全隐患，特别是掌子面附近是否有危石存在。

(12) 若岩体中含有煤层瓦斯、天然气等易燃易爆物，应采用水循环钻，电机、照明设备、开关及其他机械设备应采用防爆型，且不得携带火源进洞，见图 9-14。

(*a*)

(*b*)

图 9-14　检测安全措施

(*a*) 洞内作业时佩戴好安全劳保用品；(*b*) TSP 检测装药专业爆破工操作

第十章　监控量测施工工艺标准

1　工艺概述

监控量测是新奥法施工的重要组成部分，通过多种量测手段对开挖后隧道围岩进行动态监测，并以此指导隧道支护结构的设计与施工。主要目的是掌握围岩动态和支护结构的工作动态，利用量测结果修正设计，指导施工；为确定隧道安全提供可靠的信息：预见事故和险情，以便及时采取措施，防患于未然，以保证施工安全和隧道稳定；验证支护结构型式、支护参数的合理性，对支护结构、施工方法的合理性及其安全性作出评价及建议，为确定二次支护时间提供依据。积累资料，为以后的工程设计、施工提供经验。

隧道的监控量测分为必测项目（A 类）和选测项目（B 类），隧道监控量测项目如表 10-1 所示。

隧道监控量测项目及常用仪器　　**表 10-1**

序号	项目名称		常用量测仪器
1	必测项目	洞内、外观察	现场观察、罗盘仪等
2		拱顶下沉	水准仪、钢挂尺或全站仪
3		周边位移	收敛计、全站仪
4		地表沉降	水准仪、铟钢尺或全站仪
5	选测项目	钢架内力及外力	支柱压力计或其他测力计
6		围岩体内位移（洞内设点）	单点、多点杆式或钢丝式位移计
7		围岩体内位移（洞外设点）	位移计
8		围岩压力	压力盒
9		两层支护间压力	压力盒
10		锚杆轴力	钢筋计、锚杆测力计
11		支护、衬砌内应力	应变计
12		围岩弹性波速度	声波仪
13		爆破震动	振动传感器、记录仪
14		渗水压力、水流量	渗压计、流量计

注：1. 若隧道处于偏压地段，围岩内部位移列为必测项目。
2. 当隧道采用环形开挖预留核心土法或分部开挖施工时，宜采用非接触（全站仪）法观测拱部沉降和周边位移。
3. 在浅埋、软弱破碎围岩隧道中，应进行拱部沉降（包括拱顶沉降和拱脚沉降）量测。
4. 分离式隧道、连供隧道要增加锚杆内力及抗拔力测量。
5. 小净距隧道要增加后行洞爆破振动速度测量、水平对拉锚杆轴力测试、锚杆轴力及抗拔力测量及地表沉降测量。

2　工序流程

监控量测施工流程如图 10-1。

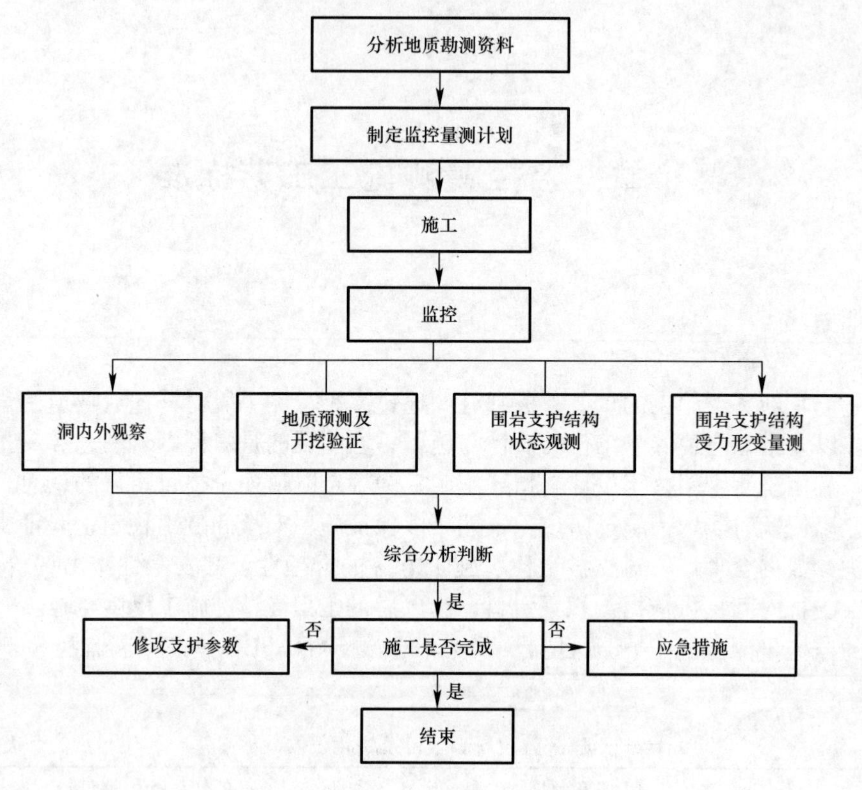

图 10-1　监控量测工艺流程

3　施工工艺及控制要点

3.1　施工准备

3.1.1　技术准备

（1）成立专门的监控量测小组，进行测点位置选择，量测部位和测点布置，应根据地质条件、量测项目和施工方法等确定。各预埋测点应牢固可靠，易于识别并妥善保护，不得任意撤换和遭到破坏。

（2）对各类量测仪器和工具的性能进行试验检查，保证其量程、精度等性能准确可靠，长期稳定。

（3）对仪器自带软件及后期采集数据、数据分析软件进行测试，保证仪器满足施工要求，并提交相应的合格检测报告。

（4）施工前应据围岩条件、支护类型参数、施工方法编制施工监控量测方案。

（5）制定详细的监控量测计划和实施性施工组织设计，计划中应包括：测量项目及方法、量测仪器及设备、测点布置、量测程序、量测频率、数据处理、量测人员及其负责人，并经监理工程师批准后执行，见图 10-2。

3.1.2　资源准备

必测项目量测仪器配备见表 10-2。

(a)

(b)

图 10-2 监控量测点布设

(a) 监控量测点布设；(b) 监控量测点编号

量测仪器配备 表 10-2

序号	设备名称	测试精度	数量	主要特点
1	JSS30A 型数显收敛仪	0.01mm	1	
2	NA724 水准仪	1mm	1	
3	TS06 全站仪	2″	1	
4	钢钢尺	1mm	1	

3.2 洞内、外观察

3.2.1 施工工艺

洞内、外观察主要工艺如图 10-3 所示。

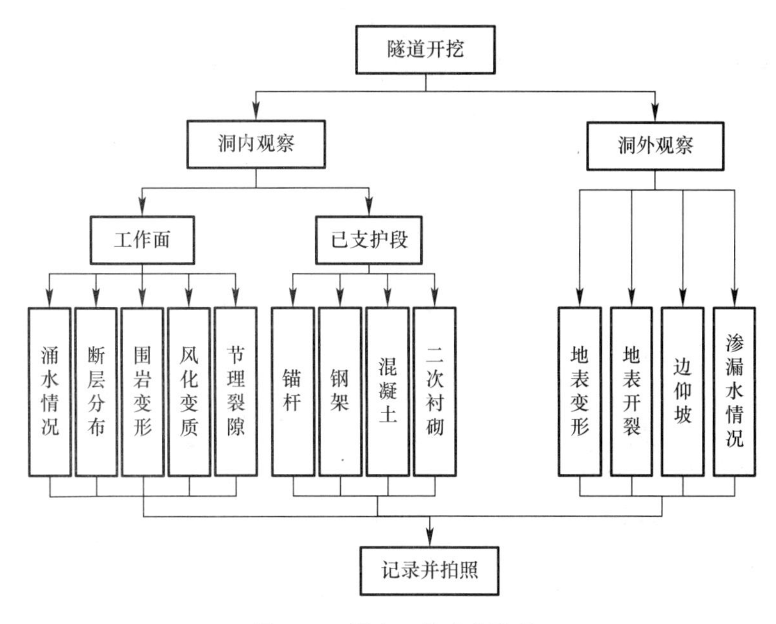

图 10-3 洞内、外观察流程

3.2.2 施工控制要点

(1) 洞内观察可分为：开挖工作面观察和已施工地段观察。

(2) 开挖工作面观察应在每次开挖后进行，及时绘制开挖工作面地质素描图、数码成像，填写开挖工作面地质状况记录表，并与勘察资料进行对比。其主要内容包括：

1) 围岩类型及分布特征，结构面位置和产状，节理裂隙发育程度，节理裂隙的填充物的性质和状态等。

2) 开挖工作面的围岩稳定状态，顶板有无剥落、掉块现象。

3) 是否有涌水，涌水量大小，涌水位置，地下水的物理性质（颜色、气味、色度等）。

(3) 对已开挖地段观测每天至少进行一次，应记录喷射混凝土、锚杆、钢架变形和二次衬砌等的工作状态。其主要内容包括：

1) 有无锚杆被拉断或垫板陷入围岩内部的现象。

2) 喷射混凝土是否产生裂隙或剥离，喷射混凝土是否产生剪切破坏。

3) 钢拱架有无被压变形现象。

4) 是否有底鼓现象。

(4) 洞外观察重点应在洞口段和洞身浅埋段，记录地表开裂、地表变形、边仰坡稳定状态、地表渗漏情况等，同时还应对地面建（构）筑物进行观察，见图 10-4。

(*a*)

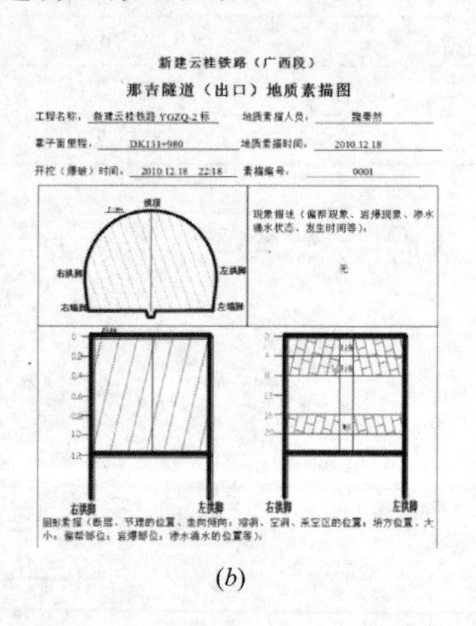

(*b*)

图 10-4 洞内、外观察

(*a*) 洞外观察记录；(*b*) 地质素描图

3.2.3 监测频率

(1) 开挖面地质素描、支护状态、影响范围内的建（构）筑物的描述应每施工循环记录一次。必要时，影响范围内的建（构）筑物的描述频率应加大。

(2) 施工状况发生变化时，如开挖仰拱、下台阶、拆除临时支护等，在“施工前 1d～混凝土浇筑完成后 7d”期间内，监测频率按 2 次/d。

3.2.4 数据分析及处置措施

(1) 开挖后目测到的地质情况与开挖前勘测结果有很大不同时，则应根据目测的情况重新修改设计方案。变更后的围岩类列，地下水情况以及围岩稳定性状态等，由设计单位和监理组确认，报主管部门审批后，对原设计进行修改，以便选择可行的施工方法与合理地调整有关设计参数。

(2）当发现开挖工作面自稳时间短或不能自稳的情况时，则可采取下列措施：
1）改变开挖方法，采用分部开挖法；
2）对开挖工作面做喷混凝土防护后再进行下步施工；
3）加强超前支护措施。
(3）开挖后没有支护前，发现顶板剥落现象时，可采用下列措施：
1）开挖后尽快施作喷混凝土层，缩短掘进作业时间；
2）缩短一次掘进长度；
3）加强超前支护措施；
4）加强初期支护措施。
(4）开挖工作面有涌水时，可根据涌水量大小，由小到大依次选取下列措施中的一项或几项：
1）增加喷混凝土中的速凝剂含量，加快凝结速度；
2）使用编织金属网改善喷混凝土的附着条件；
3）对岩面进行排水处理；
4）设置防水层；
5）打排水孔或设排水导坑；
6）对围岩进行注浆加固。
(5）发现有锚杆拉断或垫板陷入围岩壁面内的情况时，可采取下列措施：
1）加大锚杆长度；
2）使用弹簧垫圈的垫板；
3）使用高强度锚杆。
(6）发现有喷混凝土与岩面粘结不好的悬空现象时，可采取下列措施：
1）开挖后尽早进行喷混凝土作业；
2）在喷混凝土层中加设编织金属网；
3）增加喷混凝土层厚度；
4）增长锚杆或增加锚杆数量。
(7）发现钢拱架有压屈现象时，可采取下列措施：
1）适当放松钢拱架的连接螺栓；
2）使用可缩性U型钢拱架；
3）喷混凝土层留出伸缩缝；
4）加大锚杆长度。
(8）发现喷混凝土层有剪切破坏时，可采取下列措施：
1）在喷混凝土层增设金属网；
2）施作喷混凝土时留出伸缩缝；
3）增加锚杆长度；
4）使用钢拱架或U形可缩性钢拱架。
(9）发现有底鼓现象或侧墙向内滑移现象时，可采取下列措施：
1）尽快施作喷混凝土仰拱，使断面尽早闭合；
2）在仰拱部打设锚杆；

3）改变开挖方法，以缩短支护结构形成闭合断面的时间。

3.3 地表沉降监测

3.3.1 施工工艺

地表沉降监测属于变形监控量测，施工工艺如图 10-5 所示。

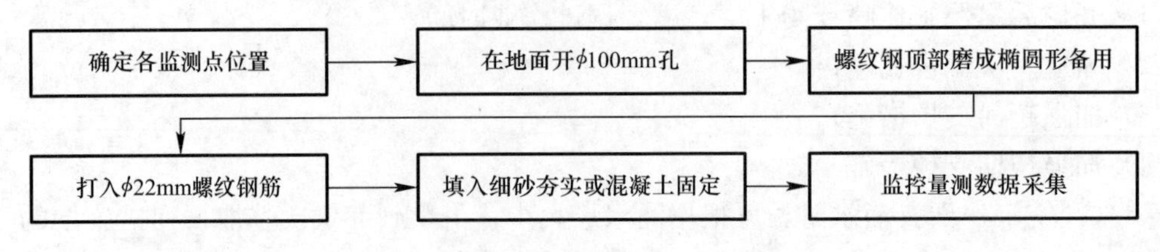

图 10-5　地表监控量测工艺流程

3.3.2 施工控制要点

（1）测点布置：测点和拱顶下沉量测应布置在同一断面上；隧道洞顶地表沉降应在隧道尚未开挖前就开始进行，借以获得开挖过程中全位移曲线。

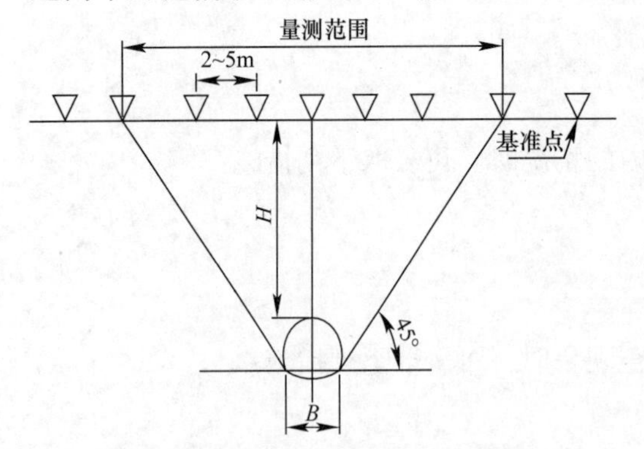

图 10-6　洞口地表变形测点布置

（2）工作基点埋设：工作基点应根据地层土质状况确定，应采用混凝土水准标志，位于靠近观测目标便于联测观测点的稳定，工作基点标志顶面的中央为圆球状不锈钢的金属水准标志。

（3）横向间距：地表沉降测点横向间距为 2～5m。在隧道中线附近测点应适当加密，隧道中线两侧量测范围不应小于 $H+B$；地表有控制性建（构）筑物时，量测方位适当加宽；其测点布置如图 10-6、图 10-7 所示。

(*a*)

(*b*)

图 10-7　地表沉降监测

（*a*）工作基点埋设；（*b*）沉降监测

（4）纵向间距：浅埋隧道地表沉降测点应在隧道开挖前布设。纵向间距应按表 10-3 的要求布置。

隧道尺寸与地表纵向测点间距　　表 10-3

隧道埋深（H）与开挖宽度（B）	纵向测点间距（m）
$2B<H<2.5B$	20～50
$B<H\leqslant 2B$	10～20
$H\leqslant B$	5～10

3.3.3 监测频率

（1）开挖面距离量测断面前后小于 $2B$ 时，1～2 次/d；

（2）开挖面距离量测断面前后小于 $5B$ 时，2～3 次/d；

（3）开挖面距离量测断面前后大于 $5B$ 时，3～7 次/d。

3.3.4 数据分析及处置措施

（1）量测频率

（2）数据分析

1）根据各测点量测的数据，填入地表沉降表格，计算出该测点与不动点间的相对沉降值、沉降速率等。

2）绘制“地表纵向下沉量——时间关系曲线”、“地表横向下沉量——时间关系曲线”图，见图 10-8。

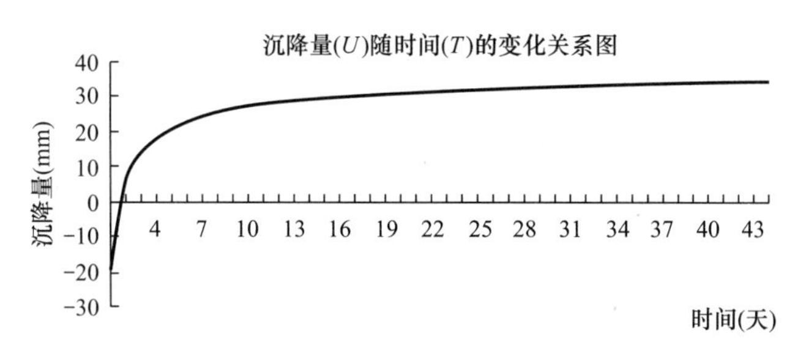

图 10-8　地表下沉曲线

（3）处置措施

当发现数据显示异常时，应加大监控量测的监测频率，同时对采取一定的处理措施：

1）加大观测频率：加大监测断面和频率，对边坡洞内多观察，同时密切关注隧道进口端的洞口边坡稳定状况。

2）加固和封闭边仰坡：应暂停洞内的掘进施工，及时对洞口边仰坡进行导管注浆等加固措施。

3）洞内加固：对洞内变形较大的地段采取导管径向注浆和加强钢支撑等措施进行加固。

3.4 净空位移和拱顶下沉监测

3.4.1 施工工艺

净空位移和拱顶下沉监测属于变形监控量测，施工工艺如图 10-9 所示。

3.4.2 施工控制要点

（1）测点布置：拱顶下沉和净空变化测点应布置在同一断面上，测点应距开挖面 2m 的范围内尽快安设，并应保证爆破后 24h 内或下一次爆破前测读初次读数。

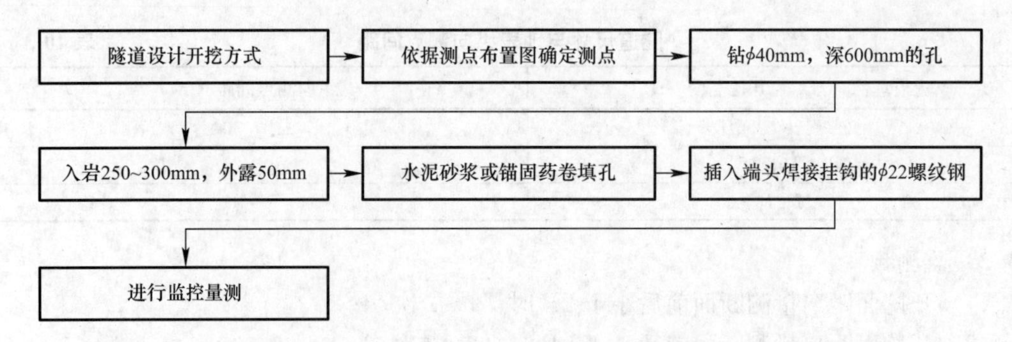

图 10-9　净空位移和拱顶下沉监控量测施工工艺

（2）工作基点埋设：水平收敛测点应在被测结构面上用风钻或冲击钻成孔，孔径为 40～80mm，深 20cm，在孔内填塞水泥砂浆后插入收敛预埋件，待砂浆凝固后进行监测。拱顶下沉测点可在钢筋端头焊接由直径 6mm 的钢筋弯成的三角形，以增加其施工过程中稳定性。

（3）断面测点布设图：拱顶下沉测点原则上设置在拱顶轴线附近，当跨度较大时，应结合施工方法在拱部增设测点，参照图 10-10～图 10-12 布置。

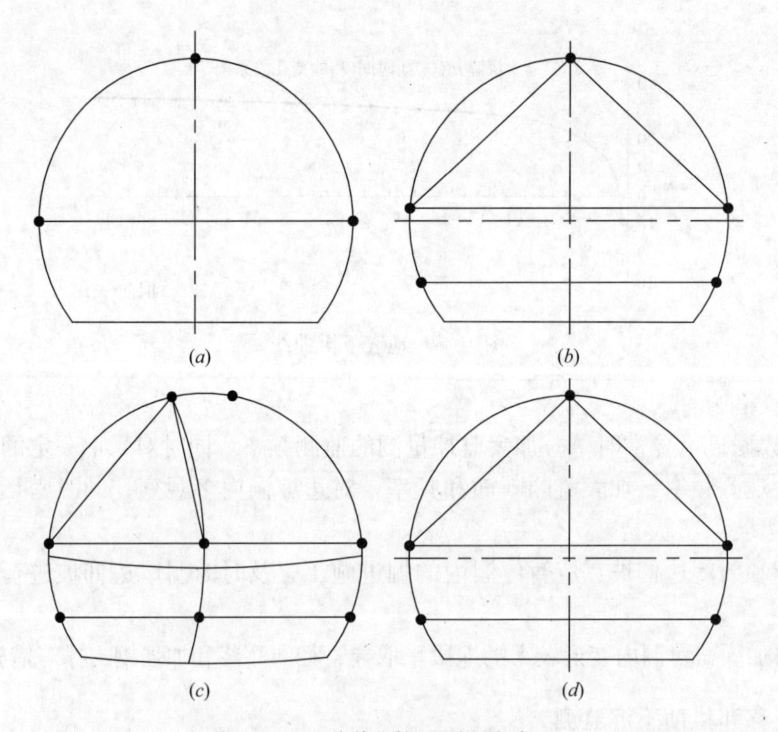

图 10-10　隧道监控量测测点布置

（a）拱顶测点和 1 条水平测线示例；（b）拱顶测点和 2 条水平、2 条斜测线示例；
（c）CD 法或 CRD 法拱顶测点和测线示例；（d）双侧壁导坑法拱顶测点和测线示例

（4）纵向测点：不同断面的测点应布置在相同部位，测点应尽量对称布置，以便于数据的相互验证，在纵向上，监控量测测点断面间距布置按表 10-4 进行布置，检测如图 10-11、图 10-12 所示。

监控量测断面间距　　表 10-4

围岩级别	纵向测点间距（m）
Ⅴ～Ⅵ	5～10
Ⅳ	10～30
Ⅲ	30～50

图 10-11　净空位移和拱顶下沉监测

（*a*）观测桩制作；（*b*）测点布设；（*c*）水平收敛观测；
（*d*）水平观测读数；（*e*）拱顶沉降观测；（*f*）拱顶沉降记录

3.4.3　监测频率

（1）监控量测监控量测频率应根据量测时间、测点距开挖面的距离及位移速度分别按表 10-5～表 10-7 确定，采用较高的平率值。

(*a*)

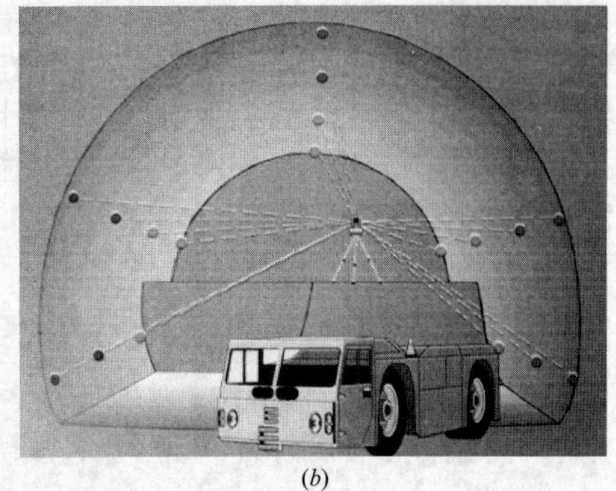

(*b*)

图 10-12　无尺监测

（*a*）拱顶下沉监测；（*b*）隧道断面监测

（2）施工状况发生变化时，如开挖仰拱、下台阶、拆除临时支护等，在“施工前 1d～混凝土浇筑完成后 7d”期间内，监测频率按 2 次/d。

按时间确定的监控量测频率　　**表 10-5**

项目名称	监控量测频率			
	1～15d	16d～1 个月	1～3 个月	大于 3 个月
拱顶下沉	1～2 次/d	1 次/2d	1～2 次/周	1～3 次/月
周边位移	1～2 次/d	1 次/2d	1～2 次/周	1～3 次/月

按测点距开挖面距离确定的监控量测频率　　**表 10-6**

监控量测断面距开挖面距离（m）	监控量测频率
(0～1)B	2 次/d
(1～2)B	1 次/d
(2～5)B	1 次/(2～3) d
>5B	1 次/7d

注：B 为隧道开挖宽度。

按位移速度确定的监控量测频率　　**表 10-7**

位移速度（mm/d）	监控量测频率
≥5	2 次/d
1～5	1 次/d
0.5～1	1 次/(2～3) d
0.2～0.5	1 次/3d
<0.2	1 次/7d

3.4.4　数据分析及处置措施

（1）数据分析

1）当水平收敛或拱顶下沉变化速度大于 10～20mm/d 时，表明围岩处于急剧变形状态；当变化速度小于 0.2mm/d 时，可以认为围岩达到基本稳定（浅埋段不适用）。

2）根据回归后位移时态曲线的形态，当围岩位移速度不断下降时表示围岩趋于稳定状态；当位移速度保持不变时表示位移不稳定；当位移速度不断上升时表示围岩进入危险状态，见图 10-13、图 10-14。

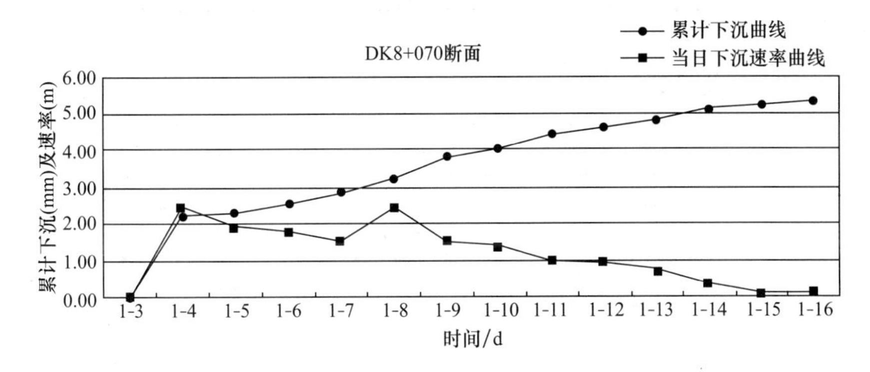

图 10-13 拱顶下沉动态曲线

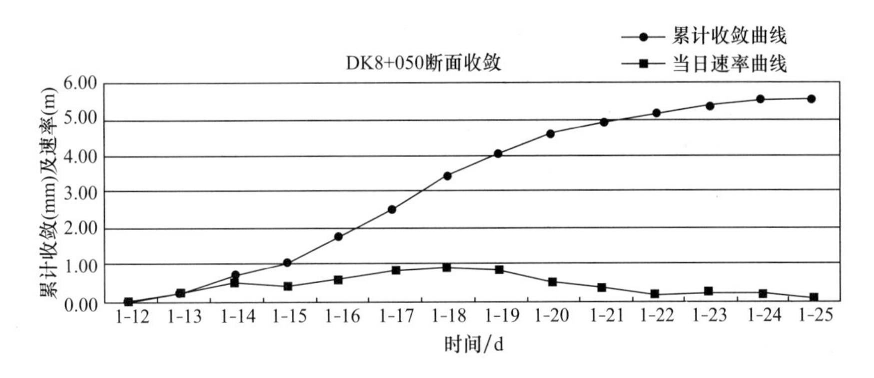

图 10-14 水平收敛动态曲线

（2）处置措施

对位移监测采用三级管理制（见表 10-8 和图 10-15），即根据隧道围岩位移量大小分别确定Ⅰ、Ⅱ、Ⅲ级标准，根据不同级别采用相应的工程对策。

监控量测管理基准值应根据有关规范、规程、计算资料及类似工程经验制定，当监测数据达到管理基准值的 70%时，定为警戒值，应加强监测频率。当监测数据达到或超过管理基准值时，应立即停止施工，修正支护参数后方能继续施工。

变形管理等级 **表 10-8**

管理等级	管理位移	应对措施
Ⅲ	$U_0<U_n/3$	正常施工
Ⅱ	$U_n/3\leqslant U_0\leqslant 2U_n/3$	上报监理工程师，综合评价设计施工措施，加强监控量测，必要时采取相应工程对策
Ⅰ	$U_0>2U_n/3$	上报监理工程师，暂停施工，采取相应工程对策

注：U_0 为实测位移值，U_n 为最大允许位移值。

1）当施工中出现下列情况之一时，应采取Ⅰ级管理：

① 初支结构开裂达 5mm 或二次衬砌有开裂；

② 洞口边仰坡出现较大开裂；

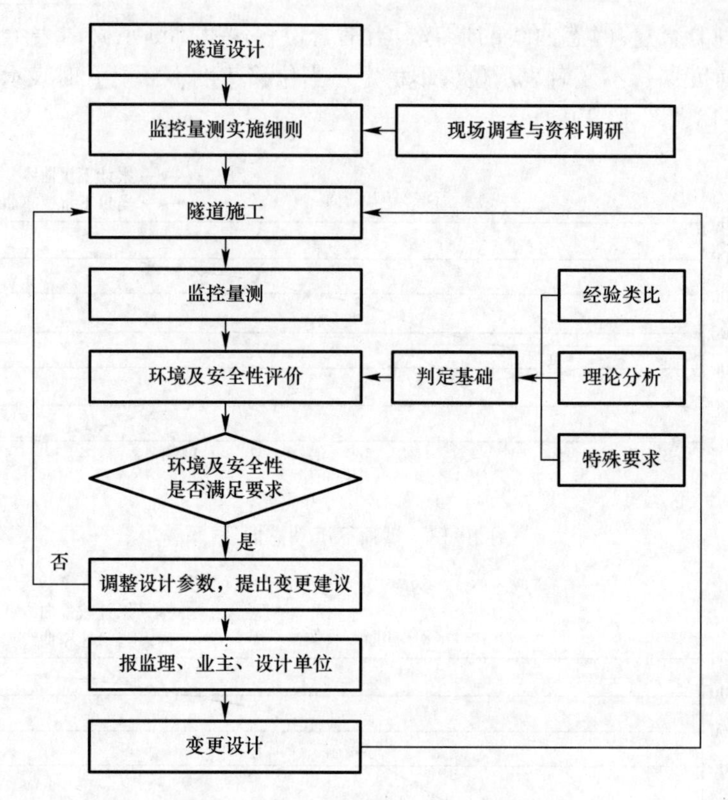

图 10-15　监控量测信息反馈程序框架

③ 洞内围岩压力有明显异常现象；

④ 监控量测数据连续 3d 大于 3mm 或 1d 大于 20mm。

2）根据工程安全性评价的结果，需要变更设计时，应根据有关变更管理办法及时进行设计变更，工程对策主要应包括下列内容：

① 稳定开挖工作面措施；

② 调整开挖方法；

③ 调整初期支护强度和刚度并及时支护；

④ 降低爆破震动影响；

⑤ 围岩与支护结构间回填注浆。

⑥ 地层预处理，包括注浆加固、降水、冻结等方法；

⑦ 超前支护，包括超前锚杆（管）、管棚、超前插板、水平高压旋喷法、预切槽法等。

4　质量保证措施

（1）将监测管理及监测实施计划纳入施工生产计划中，作为一个重要的施工工序来抓，并保证监测有确定的时间和空间。各施工单位应由工程技术管理中心组成专门监测小组，具体负责各项监测工作。

（2）制定切实可行的监测实施方案和相应的测点埋设保护措施，并将其纳入工程的施工进度控制计划。

(3）施工监测紧密结合施工步骤，监控每一施工步骤对周围环境、围岩、支护结构、变形的影响，据此优化施工方案。

(4）积极配合监理、设计单位做好对监测工作的检查、监督和指导，及时向监理、设计单位报告情况和问题，并提供有关切实可靠的数据记录，工程完成后，根据监测资料整理出标段的监测分析总报告纳入竣工资料中。

(5）量测项目人员要相对固定，保证数据资料的连续性。量测仪器专人使用、专业机构保养、专业机构检校。量测设备、元器件等在使用前均经过检校，合格后方可使用。

(6）测试完毕后检查仪器、仪表，做好养护、保管工作，及时进行资料整理及信息反馈。

第十一章　水沟等附属结构施工工艺标准

1　工艺概述

隧道附属工程施工主要包括：紧急停车带施工、水沟及电缆沟槽施工、通风、照明设施运营、隧道装饰工程。附属工程的施工对隧道的交通、景观、防排水起到了很好的完善，保证了隧道美观、清洁、安全地运行。

2　工序流程

隧道附属工程施工工序流程如图 11-1 所示。

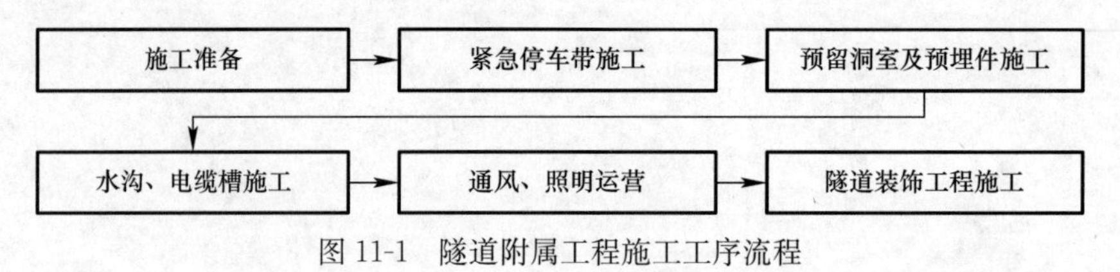

图 11-1　隧道附属工程施工工序流程

3　施工工艺及控制要点

3.1　施工准备

3.1.1　技术准备

（1）若紧急停车带和隧道正常断面施工同时进行，施工前需要进行测量放线，并标注炮眼位置，后面的施工工序和隧道开挖一致。

（2）洞室和预埋件施工前，需要对洞室的标高，位置，规格进行放样。

（3）水沟、电缆槽施工之前，为保证结构尺寸符合设计要求，两侧电缆槽、两侧排水沟与隧道中线的相对尺寸必须按施工图放样，不能随意改变。也就是对方案及图纸准备。

（4）编制紧急停车带施工方案，需要进行爆破开挖的还需要编制爆破方案，按程序组织专家论证及报批手续。

（5）根据图纸及现场勘查情况，检查现场预留孔洞的位置、形状、尺寸是否符合要求，检查电缆管线预埋的位置、管径是否符合要求及是否畅通。

3.1.2　现场准备

（1）对于和正洞一起施工的紧急停车带，除了要准备好现场爆破开挖相关材料、机械以外，还要对二次衬砌台车进行改造，选择方便、经济的改造方法。

（2）各类洞室的防护门框及门扇骨架应在平整场地上先放样，各类钢材调直、调平后下料加工成所需要的形状，且不得产生裂纹，所有构件进行防锈处理。

（3）洞内装饰施工前，应检查并处理衬砌表面的渗漏水，做好装饰基面的打磨、整平、清洗工作。

3.2 紧急停车带

3.2.1 工艺流程

紧急停车带施工工艺流程如图 11-2，该流程为紧急停车带和正洞一起施工，对于正洞先开挖完成，后期再开挖紧急停车带的情况，需要根据实际进行编制施工方案。

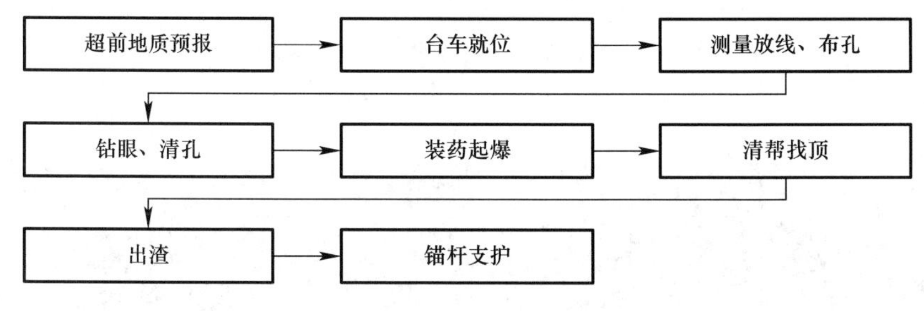

图 11-2　紧急停车带施工工艺流程

3.2.2 施工控制要点

（1）开挖中，通过合理的炮眼布置，调整炮眼孔距、角度、装药方式不，同开挖进尺的试验性爆破，调整、优化爆破参数，确定科学合理的光面爆破方案。

（2）初期支护要保证拱架间排距，锚杆支护的打入深度、钢筋网搭接长度及喷射素混凝土的厚度等要符合设计要求。

（3）防水板铺挂之前确保所有锚杆头切除干净，防水板的搭接宽度不小于设计值（≥10cm），焊接强度不低于母体强度，在隧道断面渐变段，防水层铺设要平顺。

（4）一般隧道紧急停车带的特殊断面在长度较小的情况下，基本不设专用的衬砌模型，需要综合考虑断面尺寸和施工要求，选择合适的二次衬砌模型。目前用到的模型主要有：①临时木制或钢制骨架，外敷组合钢模板（竹胶板）；②台车全断面扩展法；③台车单侧模板外延扩展法；④台车单侧背负模板法，见图 11-3、图 11-4。

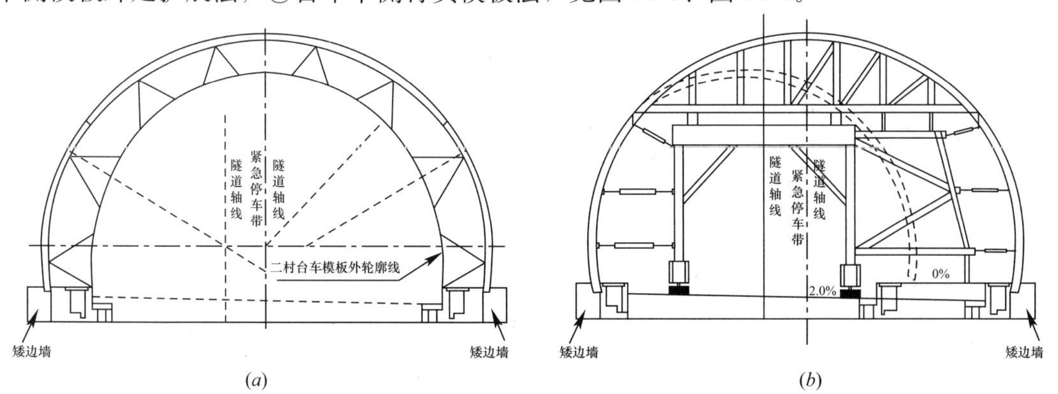

图 11-3　紧急停车带台车模板改造示意（一）

（a）台车全断面扩展法示意图；（b）台车单侧模板外延扩展法示意图

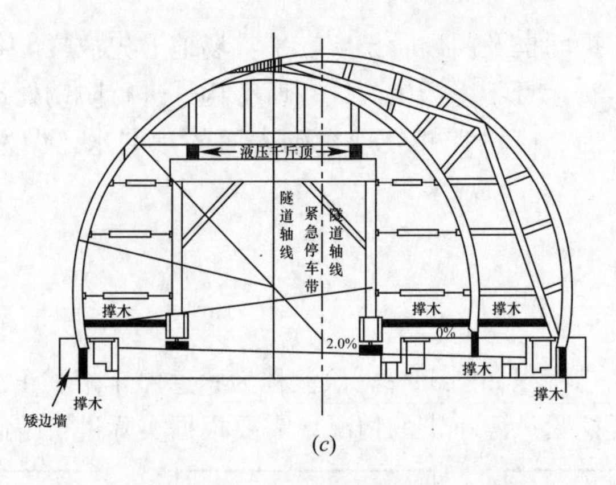

(*c*)

图 11-3　紧急停车带台车模板改造示意（二）

（*c*）台车单侧背负模板法示意图

(*a*)　　(*b*)

图 11-4　隧道紧急停车带

（*a*）紧急停车带断面；（*b*）装饰过的紧急停车带

3.3　预留洞室及预埋件

3.3.1　工艺流程

预留洞室及与预埋件施工工艺流程图见图 11-5。

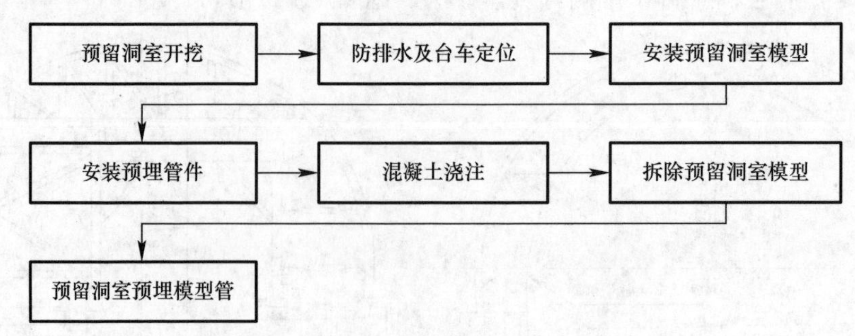

图 11-5　预留洞室及预埋件施工工艺流程

3.3.2　施工控制要点

（1）隧道预留洞室宜在正洞开挖时一次到位，预留洞室里程位置及标高应符合设计要求。

（2）预留洞室位置处的钢支撑拆除宜超前1～2模二次衬砌。

（3）预留洞室的永久性防、排水工程，应与正洞同时完成。洞室与正洞连接的折角处，防水层应根据铺设面的形状平顺铺设，不得出现空白。洞室不得设在衬砌断面变化及各种衬砌接缝处。

（4）预留洞室模型及预埋件安装就位后，应采取加固措施，防止模型及预埋件发生移位。

（5）监控、照明、供配电、消防设施调整位置为前后5m范围内，通风及检测设施位置不宜调整，见图11-6。

（6）预埋管数量、材质应符合设计要求，并按要求弯曲、穿线，保证管路畅通。

图11-6　预留洞室施工

（a）预留人行横道；（b）预留孔洞

3.4　水沟

3.4.1　工艺流程

水沟施工工艺流程如图11-7所示。

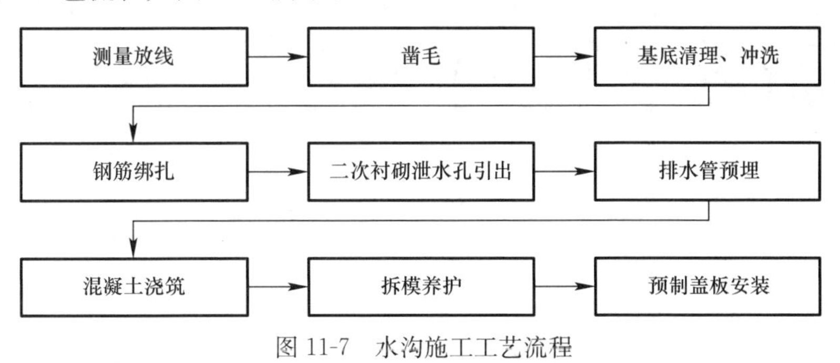

图11-7　水沟施工工艺流程

3.4.2　施工控制要点图

（1）测量组根据设计图和施工技术交底要求，单侧每隔一定要求的距离进行定位点放样，其中一个放样至二次衬砌的边墙上，为水沟电缆槽顶标高点；另外一个放样至仰拱填充面上，为水沟电缆槽最外侧侧壁水平位置点。

（2）两侧二衬矮边墙与电缆槽结合面、沟槽身与底座结合面，均必须采用凿毛处理，为了加强局部连接，局部电缆槽壁较薄的部位，根据测量放线，可采取在突变断面位置插植小直径钢筋。

（3）结合面凿毛后，将水沟和电缆槽基底的松渣、杂物、淤泥清理，并用高压水冲洗干净，清除积存水。

（4）排水管在混凝土施工前安装，要定位牢固，孔口采用土工布封堵，防止浇注混凝土时塑料泄水管跑位或混凝土灌入孔内，见图 11-8、图 11-9。

(*a*)

(*b*)

图 11-8　水沟施工

（*a*）水沟移动模架施工；（*b*）水沟施工效果图

(*a*)

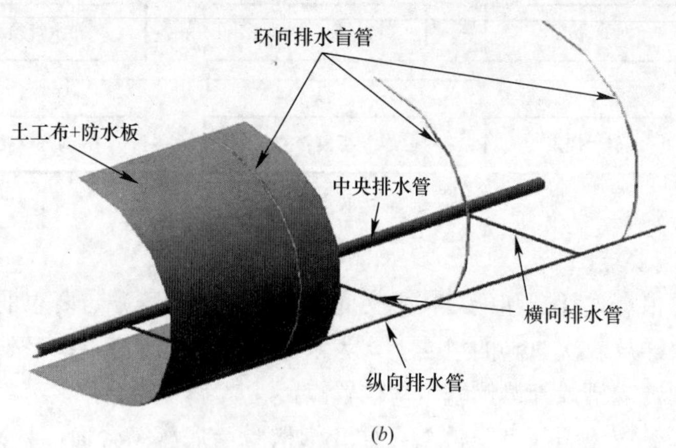

(*b*)

图 11-9　水沟、盲管连接

（*a*）横向盲管；（*b*）水沟、盲管及排水管空间位置

3.5 电缆槽

3.5.1 工艺流程

电缆槽施工工艺流程如图 11-10。

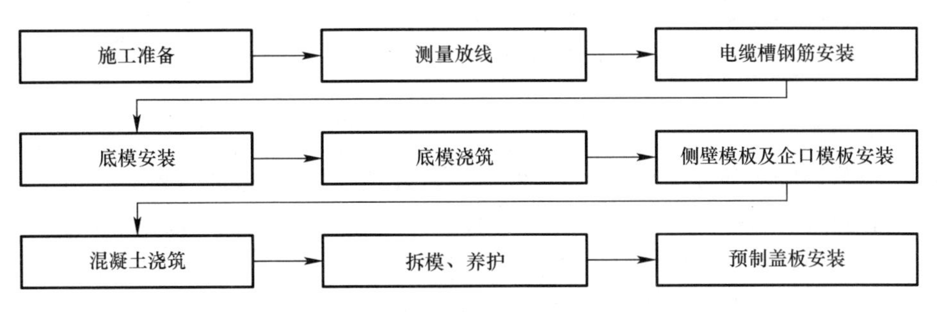

图 11-10 电缆槽施工工艺流程

3.5.2 施工控制要点

（1）侧壁模板应采用定型钢模板，并配备企口钢模板，保证企口与侧壁混凝土一次浇注成型，线形顺直。

（2）电缆槽钢筋要和仰拱钢筋连接，提前在仰拱中预埋绑扎。

（3）电缆槽盖板应在预制场集中制作。

（4）电缆槽施工除按上述常规施工工艺外，宜采用电缆槽移动模架施工，见图 11-11。

(*a*) (*b*)

图 11-11 电缆槽施工

（*a*）电缆沟槽；（*b*）电线铺设

3.6 隧道装饰工程

3.6.1 工艺流程

喷涂施工工艺流程图见图 11-12。

3.6.2 施工控制要点

（1）前处理

隧道涂装涂料施工前，对隧道衬砌基层表面进行下列处理。

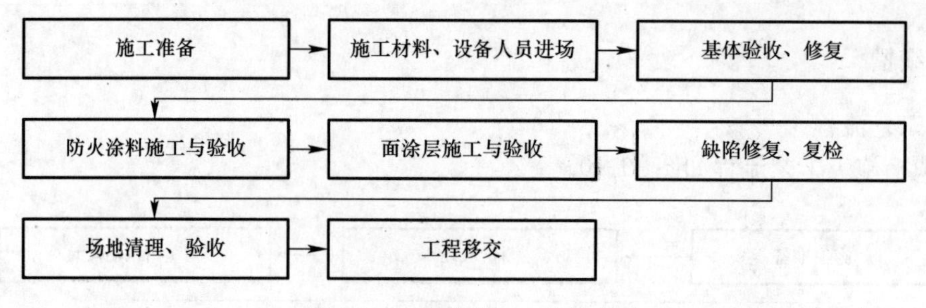

图 11-12　喷涂施工工艺流程

1）施工前，应对喷涂表面进行喷砂、打磨，彻底清除基层的疏松层、浮尘、浮灰、隔离剂、油污和污渍等杂物。对错台进行修补，平整度误差控制在10mm以内。

2）基层应用高压水冲洗干净。

3）喷涂施工前，混凝土基体应充分润湿，且基层表面不得有明水。

（2）喷涂涂料

洞内涂料喷涂应严格按照图纸要求施工。图纸未做规定时，应满足下列要求。

1）隧道整体喷涂涂装涂料，涂层厚度宜为7mm，耐火极限≥2.0h。与混凝土的粘结强度大于≥0.1MPa，并要求在长期潮湿条件下不脱落。

2）隧道涂装涂层饰面涂料应符合下列规定：

① 衬砌4m高处以下（边墙）喷涂浅色配套涂料进行饰面，衬砌4m高处以上（拱顶）喷涂深色配套涂料进行饰面，以达到良好的涂装、吸音及装饰效果。

② 饰面涂料应附着力强、保色性好、色泽均匀、耐水，涂料的质量应符合国家现行标准的规定。

③ 饰面涂料的颜色、装饰界面高度可由承包人报监理人审查，报发包人审批后实施。

④ 隧道涂装涂料施工前应根据设计要求，确定材料的单位面积用量和施工层数。

⑤ 隧道涂装涂料的配制应符合下列规定：

a. 打底的第一层隧道涂装涂料应内掺可再分散乳胶粉，或外掺配套专用的聚合物乳液，配制前，配套用的聚合物乳液应先搅拌均匀。

b. 计量应按产品说明书的要求进行，不得随意改变配合比。

c. 隧道涂装涂料的拌制应采用机械搅拌。搅拌器具应清理干净。拌制时先投隧道涂装涂料干粉，然后倒入乳液和水搅拌均匀。拌制时间应不低于10min，并静止10min，再搅拌3min后方可喷涂施工。拌制好的材料应色泽均匀，无结块、粉团。在喷涂施工过程中，应不时地搅拌涂料，因此推荐使用双层搅拌机。不得向已拌制好的涂料中另外加水。

d. 拌制好的隧道涂装涂料宜在产品规定的时间（1h左右）内用完。当气温高、湿度小或风速大时，宜在30～45min内用完。切忌存放时间过长，造成涂层的黏结力下降而影响施工质量。喷涂过程中散落回弹的涂料不得回收利用，被污染和超过规定时间的涂料不能再用。

⑥ 隧道涂装材料喷涂施工应符合下列规定：

a. 涂装涂料施工应采用专用机械设备，喷涂设备应能连续、均匀地把涂料喷涂到基层上。

b. 涂装涂料涂层厚度应符合设计规定，并应通过多次喷涂达到设计厚度。后一层涂料的施工应待前一层表干后进行，在室温下每层喷涂施工的间隔时间宜在 12h 以上（涂料表面干燥的时间与气温及涂层厚度有关）。各层应粘结牢固。

c. 涂装涂料喷涂第一层时，喷涂厚度宜控制在 3～4mm 左右，并确保第一层涂装涂料与基面粘结可靠。第二层喷涂时每层的厚度控制为 3～4mm，直至满足设计的涂装涂层厚度要求。每层喷涂太厚会影响涂料的粘结力。下层涂料喷涂施工前，先喷雾将上层涂料润湿，不得用压力水或洒水浇灌，见图 11-13。

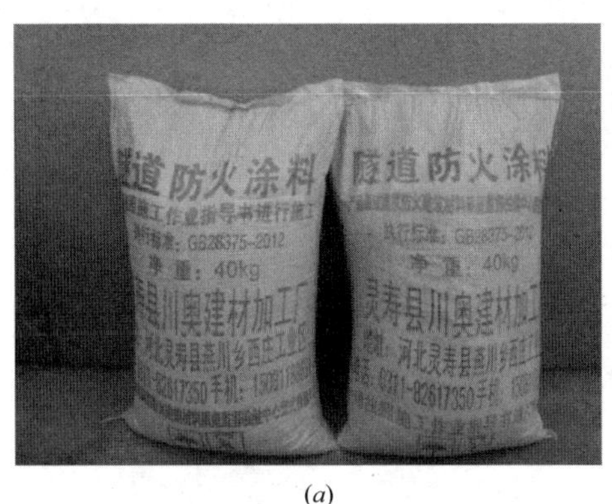

(*a*)

(*b*)

图 11-13　喷涂防火涂料

（*a*）隧道防火涂料；（*b*）隧道装饰

d. 涂装涂料施工时要求喷涂均匀，无漏涂，基本无色差，无流挂、结块，喷涂面要求平整。在喷涂前两层过程中对局部缺陷应及时采取措施改进，以使喷涂表面平整。交叉作业时，应协调先后工序及防护工作。喷涂施工宜从隧道腰部向顶部（从下而上）进行。

e. 喷涂与涂抹宜相结合。喷涂施工时，喷枪的喷嘴应垂直于基面，合理调整压力、喷嘴与基面距离。因喷涂表面不够光滑，所以在最后一次喷涂完后，立即用涂料进行手工补填、压实、修整、抹平，使涂层表面平整，并使其达到设计厚度。如遇气泡应挑破压实，保证涂抹密实。如有损伤，应及时修补。抹平、压实应在初凝前完成。基层喷涂完工后，其表面要求平整、洁净，且呈色泽均匀的颗粒状表面。在基层基本干透成型后方可进行表层的饰面施工。

f. 涂装涂料施工期间及施工后的 24h 内，环境温度不应低于 5℃，湿度不应大于 80%。在极度干燥的条件下，应创造必要养护条件，防止涂层失水过快而开裂。

g. 施工结束后，应及时将施工机具清洗干净。

⑦ 隧道涂装涂料涂层施工达到设计厚度且终凝后应进行 7d 保湿养护，初始宜采用喷雾养护，后期可喷洒清水养护，然后自然养护 21d。养护期间，不得受冻，并应防止碰撞和用水冲刷。

⑧ 隧道涂装涂层表面饰面施工应符合下列规定：

a. 施工涂装涂料涂层硬化后，一般与涂装涂层施工完毕相隔 7d，方可按设计要求喷涂其他各色建筑装饰涂料。

b. 装饰要求高时（特别是衬砌边墙），涂装涂层表面要用腻子找平，表面不平整时还应用砂纸打平。

c. 装饰涂料的施工要求按产品说明书和国家现行有关标准进行。

（3）喷混凝土专用漆

1）洞内喷涂混凝土专用漆应严格按图纸要求施工。

2）专用漆喷涂厚度应符合图纸规定，图纸无规定时，一般可用 300μm（喷涂三遍：一底、二面）。

3）为保证面层美观，应采用高压无空气喷涂机施工，第一次喷涂无色封闭底漆，然后喷涂两次带色面漆，每次喷涂间隔时间 8h。

4）喷涂混凝土专用漆施工工艺流程可参照“基层→处理→质检→喷底漆→喷两次面漆→质检→补喷→质检、验收”施行，见图 11-14。

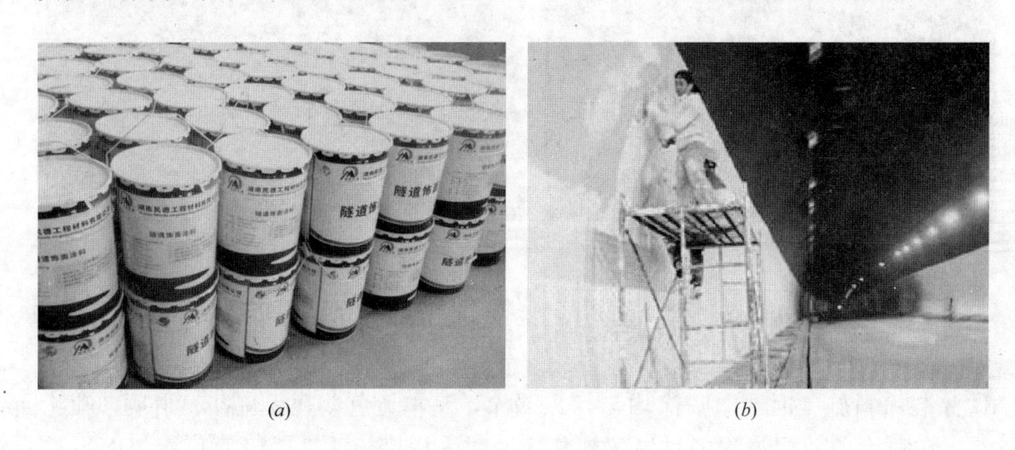

(a)　　(b)

图 11-14　隧道油漆施工

(a) 隧道专用油漆；(b) 隧道刷油漆

3.7　隧道照明、通风

3.7.1　工艺流程

隧道照明、通风施工工艺流程见图 11-15 和图 11-16。

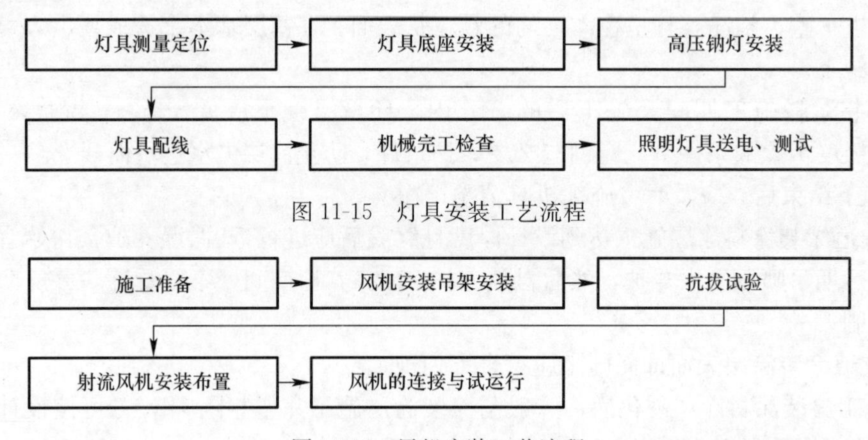

图 11-15　灯具安装工艺流程

图 11-16　风机安装工艺流程

3.7.2 施工控制要点

（1）灯具安装

1）灯具安装定位：对其高度、位置进行实际测量，要与施工图纸相符，安装做到整齐、美观。

2）灯具底座安装：利用工作台车，根据定测位置用冲击钻钻孔，并把灯具底座用膨胀螺栓固定于隧道壁上。操作时，冲击钻头应垂直隧道壁，偏斜值不大于 2mm，膨胀螺栓要固定牢靠，且施工时注意不能破坏隧道防水层。

3）高压钠灯安装：安装一定数量灯具以后，要进行灯具水平、投射角度一致性的调整，根据现场调整，以达到最佳照明效果。

（2）风机安装

1）安装前，对风机预埋件进行表面清理，除污，除锈，安装时在风机两侧各设置一辆作业台车，每辆台车上有 2 名作业人员拉动倒链，便于风机平稳吊起到位。

2）风机安装吊架与预埋件连接后的整体结构强度应保证在实际静压荷载的 15 倍以上，风机安装前应对该固定结构进行拉拔试验。

3）风机安装好后，立即进行配电接线及接地连接，试车时，首先“点动”，开机后 3～5s 立刻停机，检查风机旋转方向是否正确，是否有异常出现。通电时，所有人员应该撤离工作面，不可直接面对风机的进、出风口，见图 11-17。

(*a*)

(*b*)

图 11-17 通风照明设备安装

(*a*) 隧道通风设备安装；(*b*) 隧道照明设备安装

4　质量检验标准

4.1　水沟、电缆槽盖板

4.1.1　基本要求

（1）混凝土所用的水泥、砂、石、水、外掺剂及拌和料的质量和规格必须符合有关技术规范要求，按规定的配合比施工。

（2）分块施工时接缝与沉降缝吻合。

（3）板体不得出现露筋和空洞现象。

4.1.2　实测项目

盖板制作实测项目　　**表 11-1**

<table>
<tr><th>序号</th><th colspan="2">项目</th><th>规定值或允许偏差</th><th>检查方法和频率</th></tr>
<tr><td>1</td><td colspan="2">混凝土强度（MPa）</td><td>在合格标准内</td><td>按《公路工程质量检验评定标准》JTG F80/1—2017 附录 D 检查</td></tr>
<tr><td rowspan="2">2</td><td rowspan="2">高度（mm）</td><td>明涵</td><td>＋10，－0</td><td rowspan="2">尺量：抽查 30％的板，每板检查 3 个断面</td></tr>
<tr><td>暗涵</td><td>不小于设计值</td></tr>
<tr><td rowspan="2">3</td><td rowspan="2">宽度（mm）</td><td>现浇</td><td>±20</td><td rowspan="3">尺量；抽查 30％的板，每板检查两侧</td></tr>
<tr><td>预制</td><td>±10</td></tr>
<tr><td>4</td><td colspan="2">壁厚（mm）</td><td>＋20，－10</td></tr>
</table>

4.1.3　外观鉴定

（1）混凝土表面平整，棱线顺直，无严重啃边、掉角。

（2）蜂窝、麻面面积不得超过该面面积的 0.5％。

（3）混凝土表面不出现非受力裂缝，裂缝宽度超过设计规定或设计未规定时超过 0.15mm 必须处理。

第十二章　路面工程施工工艺标准

1　工艺概述

隧道常见路面工程主要为水泥混凝土路面和沥青路面，在大部分隧道内采用混凝土路面基层和沥青面层组合设计方式。两者施工工艺基本相同，通过选用满足施工要求的配套机械设备，完成隧道路面的铺设。主要内容有：模板安装、摊铺、捣固（碾压）、整平等。

2　工序流程

路面工程施工工序流程见图 12-1 和图 12-2。

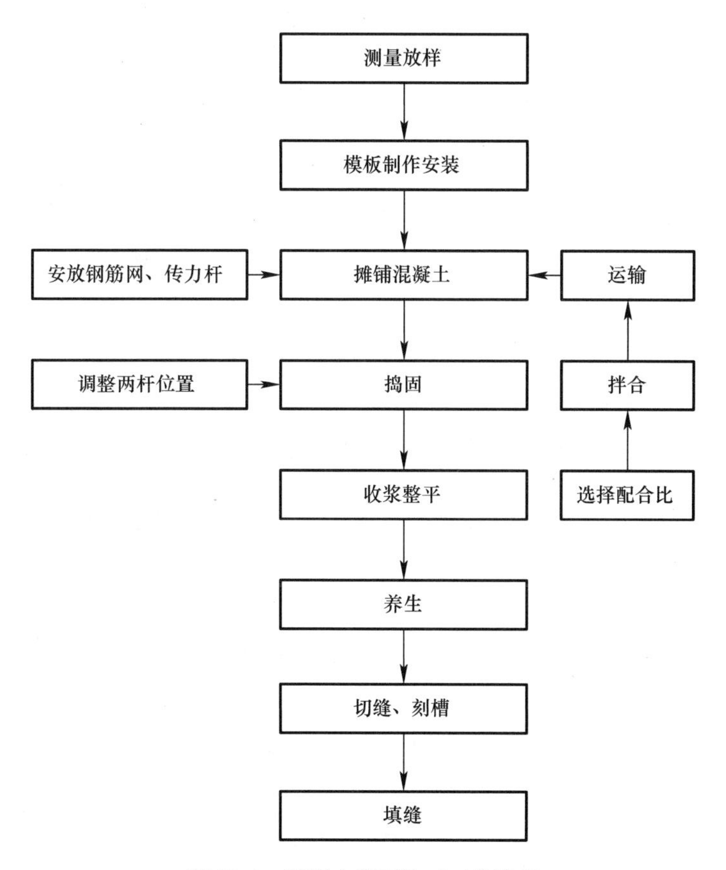

图 12-1　混凝土路面施工工艺流程

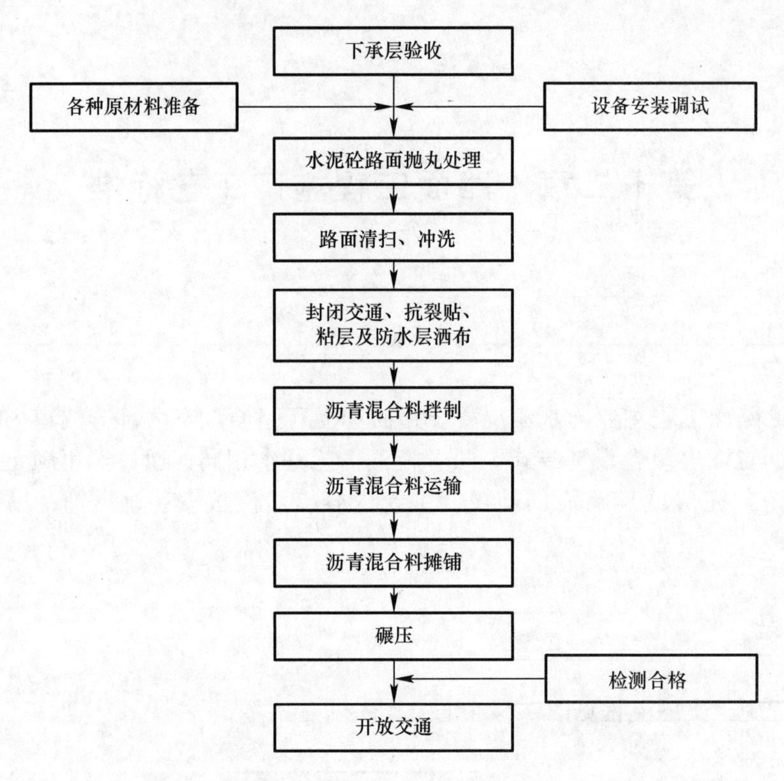

图 12-2 沥青路面施工工艺流程

3 施工工艺及控制要点

3.1 施工准备

3.1.1 技术准备

(1) 测量准备

1) 路面施工前对基层(调平层)进行量测，其几何尺寸、高程、纵横向坡等均应符合设计及规范要求，对侵入面层的部分予以凿除处理。

2) 应对路面中线、边线及高程进行量测放线，每隔 10m(曲线段每隔 5m)打基准桩，测出高程，拉紧基准钢丝控制整体高程，针对沥青路面铺设，还需要在施工过程中做好测量工作，尽快确定松浦系数。

(2) 试验准备

1) 确定沥青配合比、混凝土配合比、测定松铺系数，进行沥青原材料需要提交的试验报告。

2) 摊铺之前对沥青混凝土出厂温度、到场温度、摊铺温度、初压、终压等温度进行记录。

(3) 方案及图纸准备

1) 编制 100m 试验段施工方案，以确定施工工艺参数。

2) 根据设计图纸、合同文件、摊铺方式、机械设备、施工条件等确定隧道混凝土路面施工工艺流程、施工方案、进行详细的施工组织设计。

3）进行安全技术交底。

3.1.2 机械准备

路面工程施工机械见表 12-1。

路面工程施工机械配置表 **表 12-1**

序号	设备名称	型号	数量	备注
一	混凝土路面施工设备			
1	混凝土运输车	$9m^3$	3～6 台	
2	振动棒	ZDN80	2 台	
3	振动梁	4.5～6m	1～2 台	
4	磨光机	TZL3-SM-80	1 台	
5	切缝机	HQJ85	1 台	
6	压纹机	Y50	1 台	
二	沥青路面施工设备			
1	成套抛丸设备		1 台	
2	摊铺机	戴纳派克 F128C/s	1～2 台	
3	振动压路机	203AD-4	2 台	
4	胶轮压路机	XP301	1～2 台	
5	运输车	30t 自卸汽车	8～12 台	
6	水罐车	8t	1～2 台	
7	同步碎石封层车	SA3C	1 台	
8	全自动沥青洒布车	砂浆泵	1 台	

3.1.3 现场准备

（1）隧道路面施工时，需要布置好照明和通风设备。洞内必须保持良好通风，并应设置满足施工需要的照明设备。

（2）劳动力组织：对施工人员进行详细的技术、质量、安全等方面的交底，确保施工顺利完成，施工用的自卸车、摊铺机、压路机等机械设备处于良好状态，派专人对其进行保养、检修，时候机械处于最佳使用状态。

（3）混凝土摊铺前，对破损的路面基层进行修复和清理，所有挤碎、隆起、空鼓和裂缝密集区的基层应清除，并使用相同的基层料重铺。当基层产生非扩展性温缩、干缩裂缝时，应灌沥青密封防水。

3.2 混凝土路面施工

3.2.1 测量放样

（1）首先须根据设计图纸放出中心线及边线并确定标高，设置胀缝、缩缝、曲线起讫点和纵坡转折点等桩位，放线时每隔一定距离（一般为 5m）测设一个点，确保标高准确，线形平顺。

（2）混凝土浇筑前用水准仪进行高程的控制放样，根据路面的纵向坡比和横坡度，首先对两侧边水沟顶面标高进行复测（复测间距为 5m），然后在电缆沟（消防沟）中墙上进行槽钢标高放样，并用红油漆做好清晰、醒目的记号。

3.2.2 模板安装

（1）路面施工模板强度及刚度满足施工要求。

（2）模板应安装稳固，接头紧密平顺，不得有前后错茬、高低错台等现象。禁止在基层上挖槽，嵌入安装模板。模板底部悬空处用砂浆封堵，模板接头和拉杆插入孔用塑料薄膜等密封，以免漏浆。模板与混凝土的接触表面应涂隔离剂，见图 12-3。

(*a*)

(*b*)

图 12-3 模板安装

（*a*）基面清洗；（*b*）模板安装

3.2.3 混凝土摊铺

（1）混凝土摊铺前，基层表面应清扫干净，洒水湿润。

（2）应用专人指挥车辆均匀卸料。不了应与摊铺速度相适应，摊铺厚度应考虑振实预留高度（数据由铺筑混凝土试验段确定）。

3.2.4 混凝土振捣

（1）混凝土振捣必须配备振动棒和平板振动器，振动棒应沿横断面连续振捣密实，并应注意路面板底、内部和边角处不得欠振或漏振。

（2）振捣棒在每一处的持续时间，应以拌合物全面振动液化，表面不再冒气泡和泛水泥浆为限，不宜过振，也不宜少于 30s。振动棒的移动间距不宜大于 50cm；至模板边缘的距离不宜大于 20cm。

（3）振动棒应轻插慢提，不得猛插快拔，严禁在拌合物中推行和拖拉振动棒振捣；在振动棒已完成振实的部位，可开始振动板振实，纵横交错两遍全面提浆振实，缺料的部位，应辅以人工补料找平。

（4）振动板移位时，应重叠 100～200mm，振动板在一个位置的持续振捣时间不应少于 15s。振动板须由两人提拉振捣和移位，不得自由放置或长时间持续振动，见图 12-4。

3.2.5 纵缝拉杆和横缝传力杆及其他钢筋

纵缝拉杆和横缝传力杆及其他钢筋必须采用定位架预埋在正确的位置。

3.2.6 整平

（1）混凝土经振捣密实后，应立即用三辊轴进行提浆和整平。三辊轴整平机按作业单元分段整平，作业单元长度宜为 20～30m，振捣器振实与三辊轴整平两道工序之间的时间间隔不宜超过 15min。

(*a*)

(*b*)

图 12-4　混凝土摊铺及振捣

（*a*）混凝土振捣；（*b*）混凝土摊铺

（2）三辊轴滚压振实料位高差宜高于模板顶面 5～20mm，应有专人处理轴前料位的高低情况，过高时，应辅以人工铲除，轴下有间隙时，应使用混凝土找补。

（3）三辊轴整平机在一个作业单元长度内，应采用前进振动、后退静滚方式作业，宜 2～3 遍。最佳滚压遍数应经过试铺确定。

（4）滚压完成后，将振动辊轴抬离模板，用整平轴前后静滚整平，直到平整度符合要求，表面砂浆厚度均匀为止。

（5）表面砂浆厚度宜控制在（4±1）mm，三辊轴整平机前方表面过厚、过稀的砂浆应刮除，见图 12-5。

(*a*)

(*b*)

图 12-5　混凝土精平及传力杆安装

（*a*）混凝土精平；（*b*）传力杆安装

3.2.7　人工精平及抹面

（1）应采用 3～6m 铝合金刮尺沿高程控制带顺路线方向连续反复几次直至刮平，再横向拉动混凝土面，并均匀的向前滑移尺杆，检查尺杆与面层的接触情况，并做平整度修补及混凝土质量检查。平整度检查时 3m 直尺最大间隙控制在 3mm 以内。

（2）第一次抹面：在混凝土表面精平后进行，人工抹面采用不短于 40cm 的木抹子进行，以柔压泛浆，压下露石，消除明显的凹凸为主。

（3）第二次抹面：第一次抹面结束后混凝土表面出现泌水时，进行第二次收浆，该工序主要是将第一次木抹收浆时留下的各种不平整的印痕抹平，并进一步提浆抹光，保证局部平整度，防止出现裂缝。完成后的混凝土表面呈现平坦、密实的外观，不露砂、无抹痕、砂眼、无气泡、蜂窝、麻面及损边、掉角、龟裂等现象。

3.2.8 缩缝、胀缝及施工缝

（1）横向施工缝施工。每天摊铺结束或摊铺中断时间超过 30min 时，应设置横向施工缝，其位置宜与胀缝或缩缝重合，横向施工缝在缩缝处采用平缝加传力杆，施工缝传力施工方法同缩缝传力杆。在胀缝处其构造与胀缝相同。

（2）胀缝设置与施工。隧道进出口应按要求设置胀缝，洞内需要设置胀缝时，应结合洞内衬砌沉降缝设置。胀缝应采用前置钢筋支架法施工。在混凝土未硬化时，剔除胀缝板上部混凝土，嵌入（20～25)mm×20mm 的木条，整平表面。胀缝板应连续贯通整个路面板宽度。

（3）灌缝。混凝土面板养护期满后，应及时灌缝。灌缝前应采用高压风水彻底清除缝中的尘土及其他杂物，确保缝内清洁、干燥。

此外，灌缝料必须符合设计及施工规范要求。填缝必须饱满、均匀、厚度一致并连续贯通，填缝料不得缺失、开裂和渗水。

3.2.9 刻槽及养护

（1）路面混凝土应采用硬刻槽，刻槽深度应为 2～4mm，宽度 3～5mm，槽间距 15～25mm。

（2）混凝土有一定强度表面略微干燥时，或现场用手指轻按按混凝土面，无明显压痕时，及时覆盖塑料布或渗水土工布洒水进行养护。在覆盖前若出现塑性裂缝和干缩裂缝可采用二次抹压的方法消除。保湿养护天数宜为 14～21d，高温天气不宜少于 14d，低温天气不宜少于 21d。

（3）冬期施工气温较低时，应采取保温养护措施，可在混凝土面层先铺一层无渗土工布或塑料布再覆盖草帘或棉被等保湿保温。当环境温度低于 5℃时，严禁对混凝土表面进行洒水养护，并采取冬期施工措施。

（4）混凝土养护初期，严禁人、车通行，在达到设计强度 70%后，行人方可通行。面板达到设计弯拉强度后，方可开放交通，见图 12-6。

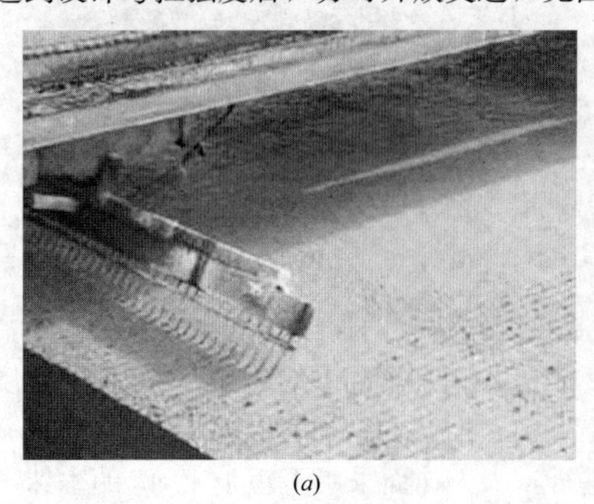
(*a*)

(*b*)

图 12-6 灌缝及刻槽

(*a*) 刻槽；(*b*) 灌缝

3.3 沥青混凝土路面施工

3.3.1 防护及预防措施

（1）隧道沥青混凝土铺筑施工一般存在 5 大危险因素：①有毒有害气体；②噪声危害；③作业环境温度高；④存在火灾隐患；⑤能见度低。

（2）针对危险因素，要顺风向铺设、实行施工人员轮班制、人员佩戴防毒面具，穿戴耐高温皮鞋及工作服，做好洞内照明、通风工作等。

3.3.2 下承层准备

（1）采用抛丸机对隧道内水泥混凝土路面进行抛丸处理，确保水泥混凝土路面具有一定的构造深度，增加沥青混凝土路面与水泥混凝土路面的摩阻力、黏结能力和提高抗滑移性能，以确保沥青混凝土路面的耐久性和使用质量，见图 12-7。

（2）抛丸后安排人员对全路段进行清扫，并配以鼓风机进行吹尘，局部泥尘清除困难时采用高压水冲洗或用钢丝刷刷除，再用鼓风机吹除，清扫过程中要保证隧道照明，宜用 3～4 台移动式照明车对隧道全路段照明。

图 12-7 路面抛丸处理

3.3.3 高分子抗裂贴

（1）在过渡段水泥混凝土横缝表面铺设高分子抗裂贴，在表面温度大于 20℃的条件下使用，如表层温度低于 20℃，采用温火烤抗裂贴的胶面，注意不得过烤，只需保证胶面融化即可。

（2）粘附高分子抗裂贴的表面处理：①必须清除粘附表面的灰尘和水等杂物；②高度不同的接缝，需要进行清理或找平处理。

（3）高分子抗裂贴的铺设：①铺设抗裂贴时应将材料拉紧，铺设后的抗裂贴应平整、不起皱、不翘边；②在铺设过程中若出现重叠时，重叠长度为不大于 50mm，且不能超过两层以上的重叠，铺设以后用脚轮滚筒滚压至少 3 遍，见图 12-8。

3.3.4 同步碎石或稀浆封层施工

（1）待下承层清扫和抗裂贴铺设完成后报监理检查，得到监理同意后，进行封层施工。

（2）同步碎石封层车洒布时控制车速在 2.5km/h 左右，保持洒布量稳定，洒布的碎石要求干净无灰尘、每平方米内沥青和碎石量要符合设计要求，见图 12-9。

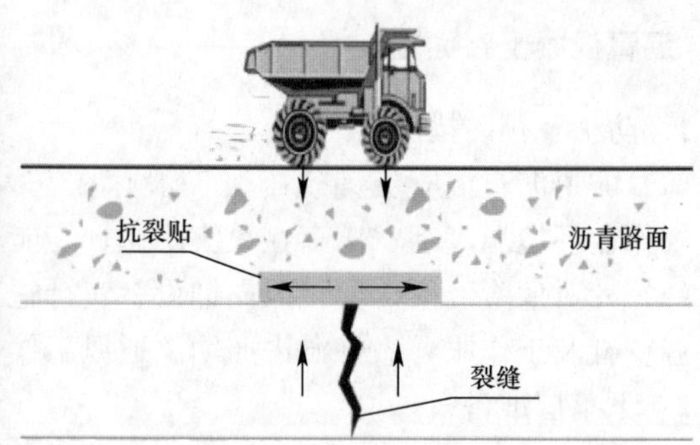

图 12-8　抗裂贴施工

图 12-9　封层施工

3.3.5　后场准备

（1）拌合机每天进行 4 次取样检查，对混合料的质量进行全面检查，每出厂一车混合料都要对其出厂温度、外观情况进行检查，不合格料不准出厂。

（2）沥青混合料的拌合由试验确定，应保证沥青混合料先于矿粉进入搅拌仓，拌制时间以拌合均匀、所有矿料颗粒全部裹覆沥青结合料为准，严控拌料温度并随时观察出料冒烟情况，初步判定温度是否超过规定值，若有过度加热或已炭化、起泡和含水的混合料都废弃处理。确保出厂的混合料均匀一致，无花白、无粗细料离析和结团成块现象。

3.3.6　混合料摊铺

（1）摊铺前按需摊铺宽度及松浦厚度，垫上准备好的木板，放下熨平板，调整熨平板仰角和预热温度，调好螺旋布料器两端的自动料位器，使料门开度、链板送料器的速度和螺旋布料器转速相匹配，并采用熨平板进行初步振实。

（2）严格控制沥青加热温度、集料加热温度、拌合温度、出厂温度、各施工阶段温度符合表 12-2 要求。

改性沥青混凝土施工温度要求　　**表 12-2**

层位	工序	温度（℃）	测量部位
沥青上下面层	沥青加热温度	160～165	沥青储存罐
	集料加热温度	190～220	热料提升机
	出料温度	170～185	运料车

续表

层位	工序	温度（℃）	测量部位
沥青上下面层	混合料废弃温度	>195	运料车
	混合料到现场温度	≥165	运料车
	混合料摊铺温度	≥160	摊铺机
	初压混合料内部温度	≥150	碾压层内部
	碾压终了表面温度	≥90	碾压层表面
	开放交通路表温度	<50	路表面

（3）在混合料完成摊铺刮平后，由相关负责人立即对路面进行检查，铲除离析集料、并用级配好的混合料填平。

（4）摊铺过程中随机量测松浦厚度，厚度不符合规范要求时马上调节摊铺机，直到松浦厚度符合规范要求，见图 12-10。

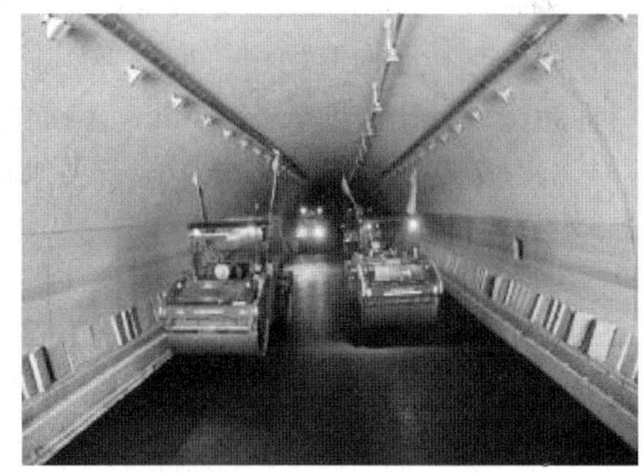

图 12-10　沥青混凝土摊铺及碾压

3.3.7　混合料碾压

（1）初压。在正常温度施工条件下，初压温度不低于 160℃，低温时不低于 170℃。碾压时将压路机驱动轮面向摊铺机，沿外侧向中心碾压，压路机要原幅去原幅回，碾压速度 2km/h。相邻碾压带重叠 1/3～1/2 轮宽，采用钢轮压路机静压 2 遍；初压后质检员、测工检查平整度。

（2）复压。复压紧跟初压进行，复压温度在 140℃以上，碾压速度 3～3.5km/h，碾压至混合料表面无明显痕迹，相邻碾压带重叠 1/2 的碾压轮宽度。碾压过程中不得中途停顿、转向或制动。

（3）终压。终压以消除轮迹为合格，终压结束温度不低于 90℃，保证压实质量，做到不漏压不超压。

3.4　交通封闭与开放

热拌沥青混合料路面压实成型后，待其不高于 50℃时，方可开放交通，当天铺筑的尚未开放交通的沥青路面上，不得停放任何施工机械设备。

4 质量检验标准

4.1 水泥混凝土面层

4.1.1 基本要求

（1）基层质量必须符合规定要求，并进行弯沉测定，验算的基层整体模量应满足设计要求。

（2）水泥强度、物理性能和化学成分应符合国家标准及相关规范的规定。

（3）粗细集料、水、外掺剂及接缝填缝料应符合设计和施工规范要求。

（4）施工配合比应根据现场测定水泥的实际强度进行计算，并经试验，选择采用最佳配合比。

（5）接缝的位置、规格、尺寸及传力杆的设置应符合设计要求。

（6）路面拉毛或机具压槽等抗滑措施，其构造深度应符合施工规范要求。

（7）面层与其他构造物相接应平顺，检查井井盖顶面高程应高于周边路面 1～3mm。雨水口标高按设计比路面低 5～8mm，路面边缘无积水现象。

（8）混凝土路面铺筑后按施工规范要求养护。

4.1.2 实测项目

水泥混凝土面层实测项目 **表 12-3**

项次	检查项目		规定值或允许偏差		检查方法和频率
			高速公路 一级公路	其他公路	
1	弯拉强度（MPa）		在合格标准之内		按《公路工程质量检验评定标准　第一册　土建工程》JTG F80/1—2017 附录 C 检查
2	板厚度（mm）	代表值	−5		按《公路工程质量检验评定标准　第一册　土建工程》JTG F80/1—2017 附录 H 检查每 200m 每车道 2 处
		合格值	−10		
3	平整度	σ(mm)	1.2	2.0	平整度仪：全线每车道连续检测，每 100m 计算 σ、IRI
		IRI (m/km)	2	3.2	
		最大间隙 h(mm)	—	5	3m 直尺：半幅车道板带每 200m 测 2 处×10 尺
4	抗滑构造深度（mm）		一般路段不小于 0.7 且不大于 1.1；特殊路段不小于 0.8 且不大于 1.2	一般路段不小于 0.5 且不大于 1.0；特殊路段不小于 0.6 且不大于 1.1	铺砂法：每 200m 测 1 处
5	相邻板高差（mm）		2	3	抽量：每条胀缝 2 点；每 200m 抽纵、横缝各 2 条，每条 2 点
6	纵、横缝顺直度（mm）		10		纵缝 20m 拉线，每 200m4 处；横缝沿板宽拉线，每 200m4 条

续表

项次	检查项目	规定值或允许偏差		检查方法和频率
		高速公路 一级公路	其他公路	
7	中线平面偏位（mm）	20		经纬仪：每 200m 测 4 点
8	路面宽度（mm）	±20		抽量：每 200m 测 4 处
9	纵断高程（mm）	±10	±15	水准仪：每 200m 测 4 断面
10	横坡（%）	±0.15	±0.25	水准仪：每 200m 测 4 断面

4.1.3 外观鉴定

（1）凝土板的断裂块数，高速公路和一级公路不得超过评定路段混凝土板总块数的 0.2%，其他公路不得超过 0.4%。

（2）混凝土板表面的脱皮、印痕、裂纹和缺边掉角等病害现象，对于高速公路和一级公路，有上述缺陷的面积不得超过受检面积的 0.2%，其他公路不得超过 0.3%。

（3）路面侧石直顺、曲线圆滑。

（4）接缝填筑饱满密实，不污染路面。

4.2 沥青混凝土路面

4.2.1 基本要求

（1）沥青混合料的矿料质量及矿料级配应符合设计要求和施工规范的规定。

（2）严格控制各种矿料和沥青用量及各种材料和沥青混合料的加热温度，沥青材料及混合料的各项指标应符合设计和施工规范要求。沥青混合料的生产，每日应做抽提试验、马歇尔稳定度试验。矿料级配、沥青含量、马歇尔稳定度等结果的合格率应不小于 90%。

（3）拌合后的沥青混合料应均匀一致，无花白，无粗细料分离和结团成块现象。

（4）基层必须碾压密实，表面干燥、清洁、无浮土，其平整度和路拱度应符合要求。

（5）摊铺时严格控制摊铺厚度和平整度，避免离析，注意控制摊铺和碾压温度，碾压至要求的密实度。

4.2.2 实测项目

沥青混凝土路面和沥青碎石面层实测项目 **表 12-4**

项次	检查项目		规定值或允许偏差		检查方法和频率
			高速公路 一级公路	其他公路	
1	压实度（%）		试验室标准密度的 96%（＊98%） 最大理论密度的 92%（＊94%） 试验段密度的 98%（＊98%）		按《公路工程质量检验评定标准》JTG F80/1—2017 附录 B 检查
2	平整度	σ(mm)	1.2	2.5	平整度仪：全线每车道连续按每 100m 计算 IRI 或 σ
		IRI（m/km）	2.0	4.2	
		最大间隙 *h*(mm)	—	5	3m 直尺：每 200m 测 2 处×10 尺
3	弯沉值（0.01mm）		符合设计要求		按《公路工程质量检验评定标准》JTG F80/1—2017 附录 I 检查
4	渗水系数		SMA 路面 200mL/min 其他沥青混凝土路面 300mL/min		渗水试验仪：每 200m 测 1 处

续表

项次	检查项目		规定值或允许偏差		检查方法和频率
			高速公路 一级公路	其他公路	
5	抗滑	摩擦系数	符合设计要求		摆式仪：每200m测1处横向力系数测定车：全线连续，按《公路工程质量检验评定标准》JTG F80/1—2017附录K评定
		构造深度			
6	厚度	代表值	总厚度： −5%H； 上面层−10%H	−8%H	按《公路工程质量检验评定标准》JTG F80/1—2017附录H检查，双车道每200m测1处
		合格值	总厚度： −10%H； 上面层−20%H	−10%H	
7	中线平面偏位（mm）		20	30	经纬仪：每200m测4个点
8	纵断面高程（mm）		±15	±20	水准仪：每200m测4断面
9	宽度（mm）	有侧石	±20	±30	尺量：每200m测4断面
		无侧石	不小于设计		
10	横坡（%）		±0.3	±0.5	水准仪：每200m测4处

4.2.3 外观鉴定

（1）表面应平整密实，不应有泛油、松散、裂缝和明显离析等现象。

（2）搭接处应紧密、平顺，烫缝不应枯焦。

（3）面层与路缘石及其他构筑物应密贴接顺，不得有积水或漏水现象。

后　记

本册工艺是依据最新的公路隧道施工技术细则，结合行业成熟的施工工艺，根据公司基础设施已建、在建工程建造与管理方面取得的实践经验编写而成。

本标准工艺主要依据以下标准进行编制：

1 《混凝土结构工程施工质量验收规范》GB 50204—2015；

2 《混凝土结构工程施工规范》GB 50666—2011；

3 《公路隧道施工技术规范》JTG F60—2009；

4 《公路隧道养护技术规范》JTG H12—2015；

5 《公路隧道设计规范》JTG D70—2004。

手册结合基础设施建设中容易出现的质量通病，着重从施工工序、工艺、施工质量控制的角度，对施工过程中控制要点采用规范化的图片结合文字形式进行阐述，旨在更有效地消除质量通病，提高施工管理水平，实现公司基础设施施工标准化，确保工程施工质量。

请记住，没有一套规范能涉及所有领域，能解决所有施工过程中存在的问题。此手册也不例外，虽然我们尽可能包容、以期能尽善尽美，但这手册不可能涵盖所有，况且施工的过程都是动态的，它随着科技和工艺的进步在不断变化。但有一点是不变的，即当你遇到任何疑问或面临任何问题时，都可以找到解决的办法。